EL LIBRO DE COCINA DE LOS HUEVOS FRESCOS

100 MANERAS FABULOSAS DE COCINAR HUEVOS FRESCOS

NILDA VERDEJO

Todos los derechos reservados.

Descargo de responsabilidad

La información contenida en este libro electrónico está destinada a servir como una colección completa de estrategias sobre las que el autor de este libro electrónico ha investigado. Los resúmenes, estrategias, consejos y trucos son solo recomendaciones del autor, y leer este libro electrónico no garantiza que los resultados de uno reflejen exactamente los resultados del autor. El autor del eBook ha realizado todos los esfuerzos razonables para proporcionar información actualizada y precisa a los lectores del eBook. El autor y sus asociados no se hacen responsables de cualquier error u omisión no intencional que pueda encontrarse. El material del eBook puede incluir información de terceros. Los materiales de terceros se componen de opiniones expresadas por sus propietarios. Como tal, el autor del libro electrónico no asume responsabilidad alguna por ningún material u opiniones de terceros.

El libro electrónico tiene derechos de autor © 2024 con todos los derechos reservados. Es ilegal redistribuir, copiar o crear trabajos derivados de este libro electrónico en su totalidad o en parte. Ninguna parte de este informe puede ser reproducida o retransmitida de ninguna forma sin el permiso escrito, expreso y firmado del autor.

TABLA DE CONTENIDO

TABLA DE CONTENIDO..3
INTRODUCCIÓN...7
RECETAS BÁSICAS CON HUEVO FRESCO...8
    1. HUEVOS DUROS...9
    2. HUEVOS FRITOS..11
    3. HUEVOS ESCALFADOS..13
    4. HUEVOS REVUELTOS..15
    5. TORTILLAS..17
    6. HUEVOS AL MICROONDAS..19
    7. QUICHE..22
    8. FRITTATAS..24
    9. SUFLÉS...27
    10. CREPES..30
    11. MERENGUE...33
    12. HUEVOS EN ESCABECHE..35
    13. MASA BASICA PARA GALLETAS...37
HUEVO FRESCO DIARIO...39
    14. TOMATES RELLENOS...40
    15. PAN SUFLÉ ESPAÑOL..42
    16. HORNEADO DE DESAYUNO DE ARÁNDANOS..................................44
    17. HUEVOS EN SALSA..47
    18. HUEVOS EN NIDOS..50
    19. FRITTATA CON QUESO FETA Y VERDURAS......................................53
    20. HUEVOS DIABÓLICOS SABROSOS..56
    21. PANQUEQUES DE CALABAZA CUBIERTOS.......................................59
    22. TORTITAS DE ZANAHORIA Y PATATA..62
    23. TAZAS DE HASH DE DESAYUNO...65
    24. FRITTATA DE VERDURAS CON QUESO..68
    25. BOCADITOS DE BROWNIE DE FRIJOLES NEGROS............................71

26. Patatas dulces a la florentina...74
27. Muffins de Zanahoria...77
28. Tartas de pecanas en miniatura...80
29. Pastel de pelo de cacao..82
30. Tarta de queso con requesón...84
31. Huevos Rellenos Microgreen..87
32. Panqueques de brotes de guisantes...89
33. Tortilla de Clara de Huevo y Microgreens......................................92
34. Pinon (tortilla de plátano macho)..94
35. Bollos puertorriqueños de harina de arroz...................................97
36. flan de queso de puerto rico...100
37. pastel de carne de puerto rico...103
38. Aguacate relleno de pescado ahumado.......................................106
39. Huevos al horno con salmón ahumado.......................................109
40. Huevo poché y salmón ahumado..112
41. Yemas de huevo en conserva..115
42. huevos en salmuera...118
43. Huevos con salsa de soja ahumada..121
44. Huevos al curry en escabeche..124
45. Huevos en escabeche de remolacha..127
46. Panecillos de maíz con pavo ahumado.......................................130
47. Salmón ahumado con tortitas de patata...................................133
48. Salmón ahumado al horno y queso feta.....................................136
49. Cheesecake de salmón ahumado..139
50. bollos de queso cheddar..142
51. tortitas de patata con cebollino..144
52. Budín de maíz y pavo ahumado..147
53. Tarta cremosa de salmón ahumado y eneldo...........................150
54. Latkes con salmón ahumado..153
55. Panqueques De Avena Con Arce Y Canela.................................156
56. Frittata De Acelgas Y Quinoa..159
57. Huevos Picantes al Horno con Queso de Cabra........................162
60. Tortilla de champiñones al ajillo y queso...................................164
61. Lunas masticables de manzana...167
62. Bizcocho para diabéticos y bajo en sodio..................................169
63. Helado de azúcar moreno y nuez pecana..................................171

64. Pastel de capas de merengue de limón..........174
65. Pastel de crema de chocolate..........177
66. Biscotti de cereza y almendras..........180
67. Galletas de avena y chispas de chocolate..........183
68. Pastel de pan de maíz bajo en sodio..........186
69. Pastel soufflé de chocolate..........189
70. tacos de desayuno..........192
71. Hachís a la Barbacoa..........194
72. Frittata de aceitunas y hierbas..........197
73. Tortilla de esparragos..........199
74. Tostada De Fresas Y Almendras..........202
75. Panqueques con chispas de chocolate..........204
76. Waffles De Chocolate Y Nueces..........206
77. Barras de granola y cerezas secas..........209
78. Muffins De Frutas Y Nueces..........211
79. Barritas dobles de calabaza..........214
80. masa de pizza de huevo..........217
81. Tortilla con verduras..........219
82. Magdalenas De Huevo..........221
83. Huevos Revueltos De Salmón Ahumado..........223
84. Bistec y huevos..........225
85. huevo horneado..........227
86. Frittata..........230
87. Naan / Panqueques / Crepes..........232
88. Panqueques de zucchini..........234
89. Quiche..........236
90. Bolas de salchicha de desayuno..........238
91. Sándwiches de salchicha para el desayuno..........240
92. flan de chile asado..........243
93. Sándwiches de salchicha para el desayuno..........246
94. panqueques alemanes..........248

BEBIDAS DE HUEVO FRESCO..........251

95. Coquito..........252
96. Amaretto Sour Clásico..........254
97. Cóctel agridulce de whisky..........256

98. Licor de huevo alemán..258
99. Café con huevo vietnamita..261
100. Sabayón...263
CONCLUSIÓN...265

INTRODUCCIÓN

Todos sabemos que los huevos son buenos para ti. Son una excelente fuente de proteínas y nutrientes clave y extremadamente versátiles en las muchas formas en que se pueden preparar. Sin embargo, ¿lo mejor de los huevos? Son deliciosos.

En este libro encontrará técnicas e ideas paso a paso para asegurarse de obtener huevos perfectos y deliciosos en todo momento. Al aprender unos pocos conceptos básicos, puede preparar una amplia gama de comidas fáciles de preparar para tantas o tantas personas como desee. ¡Así que continúa y ponte a trabajar!

RECETAS BÁSICAS CON HUEVO FRESCO

1. huevos duros

Direcciones

a) Coloque los huevos en una sola capa en el fondo de la olla y cubra con agua fría. El agua debe estar aproximadamente una pulgada más alta que los huevos. Tape la olla y deje hervir a fuego medio-alto.
b) Cuando el agua empiece a hervir, retira la olla del fuego y deja reposar de 18 a 23 minutos. Para una yema más suave, reduzca el tiempo a 3 o 4 minutos y de 11 a 12 minutos para una yema mediana.
c) Escurra e inmediatamente deje correr agua fría sobre los huevos hasta que se enfríen o retírelos con una espumadera y colóquelos en un baño de hielo para detener la cocción.

2. Huevos fritos

Ingredientes

- Huevos
- Aceite en aerosol, mantequilla o aceite
- Sal y pimienta

Direcciones

a) Caliente una sartén a fuego medio. Cubra su sartén con aceite en aerosol (si usa solo una sartén normal), mantequilla o aceite, según sus preferencias. Si usa mantequilla, espere suficiente tiempo para que se derrita y si usa aceite, espere 30 segundos para que se caliente.

b) Rompe un huevo en un tazón (si vas a freír varios huevos, puedes romperlos en su propio tazón o puedes reutilizar el mismo tazón) y deja caer el huevo suavemente en la sartén. Sazone ligeramente con sal y pimienta (opcional).

c) Deje que el huevo se cocine hasta que la clara esté firme y los bordes comiencen a curvarse, aproximadamente de 3 a 4 minutos. Resiste la tentación de quejarte: tus huevos saldrán mejor si los dejas solos. Para el lado soleado hacia arriba, simplemente deslice el huevo en un plato. Para huevos demasiado fáciles, demasiado medianos o demasiado buenos, continúe con el siguiente paso.

d) Use una espátula para voltear suavemente el huevo. No es necesario que lo coloques completamente debajo del huevo, pero asegúrate de que esté debajo de la yema antes de voltearlo. Cocine durante unos 30 segundos más para que esté demasiado fácil, 1 minuto para que esté demasiado medio y un minuto y medio para que esté demasiado bien. Voltee una vez más y deslice sobre un plato.

3. huevos escalfados

Ingredientes

- Huevos
- Agua
- Sal y pimienta

Direcciones

a) Llena una cacerola con 8 cm (3 pulgadas) de agua y déjala hervir. Mientras tanto, rompa cada huevo en su propio tazón pequeño para que estén listos cuando el agua alcance la temperatura adecuada.

b) Cuando el agua hierva, reduzca a fuego lento. Sosteniendo el recipiente justo por encima del agua hirviendo, desliza suavemente el huevo en el agua. Coloque el segundo huevo de la misma manera e intente llevar un registro del orden en que entraron. El primer huevo que entra debe ser el primero que sale. Recuerde usar más agua si está cocinando más huevos para que la temperatura del agua no baje demasiado.

c) Saque los huevos después de 3 minutos para escalfarlos o déjelos cocinar durante 5 minutos para una yema más sólida. Retire con una cuchara ranurada y drene la mayor cantidad de agua posible. El huevo debe tambalearse (pero solo un poco) cuando mueves la cuchara. Coloque los huevos cocidos en una toalla de papel y sazone con sal y pimienta (opcional).

4. Huevos revueltos

Ingredientes

- Huevos
- Leche
- aerosol para cocinar o mantequilla
- sal y pimienta (opcional)

Direcciones

a) Para preparar una sola porción de huevos revueltos, rompa 2 huevos en un tazón y mezcle 2 cucharadas (30 ml) de leche. Sazone con sal y pimienta, si lo desea.
b) Caliente la sartén a fuego medio. Cubra su sartén con aceite en aerosol (si solo usa una sartén normal) o mantequilla según su preferencia. Si usa mantequilla, deje suficiente tiempo para que se derrita. Vierta los huevos en la sartén y reduzca el fuego a medio-bajo.
c) Mueva suavemente los huevos con una espátula, formando cuajadas suaves. Continúe revolviendo hasta que no quede más huevo líquido en la sartén, pero antes de que los huevos parezcan secos.
d) Retire inmediatamente los huevos y el plato.

5. Tortillas

Ingredientes
- 2 huevos
- 2 cucharadas (30 ml) de agua
- Aceite en aerosol, mantequilla o aceite
- Rellenos deseados (por ejemplo: queso, champiñones, pimientos verdes)
- sal y pimienta (opcional)

Direcciones

a) Usando un batidor o un tenedor, bata los huevos con 2 cucharadas (30 ml) de agua. Sazone con sal y pimienta (opcional). Asegúrate de incorporar bien la yema y la clara.

b) Calienta una sartén a fuego medio-alto. Cubra su sartén con aceite en aerosol (si usa solo una sartén normal), mantequilla o aceite, según sus preferencias. Si usa mantequilla, espere suficiente tiempo para que se derrita y si usa aceite, espere 30 segundos para que se caliente.

c) Una vez que la sartén esté caliente, vierte la mezcla. A medida que la mezcla de huevo se asienta alrededor del borde de la sartén, use una espátula para empujar suavemente las porciones cocidas hacia el centro de la sartén. Incline y gire la bandeja para permitir que el huevo crudo fluya hacia los espacios vacíos. Cuando la superficie del huevo se ve húmeda pero no se mueve cuando se mueve la sartén, está listo para rellenar. Agregue su relleno con moderación, un poco hace mucho.

d) Dobla la tortilla por la mitad con una espátula y deja que el fondo se dore un poco antes de deslizarla sobre un plato. Si te sobra relleno, vierte el resto encima de la tortilla.

6. huevos al microondas

Ingredientes
- 1 huevo
- Aceite en aerosol, mantequilla o aceite
- Pizca de sal

Direcciones
a) Cubra un recipiente apto para microondas o un molde con aceite en aerosol, mantequilla o aceite, según sus preferencias (si usa el cocedor de huevos para microondas, no es necesario recubrirlo). Espolvorea unos granos de sal en el fondo del recipiente. La sal atrae la energía de las microondas y ayuda a cocinar el huevo de manera uniforme.
b) Rompe un huevo en el recipiente. Perforar la yema y la clara con un tenedor 4 o 5 veces (es necesario perforar para evitar que explote durante la cocción).
c) Cubra con una envoltura de plástico, tirando hacia atrás un área pequeña para la ventilación (si usa el cocedor de huevos de microondas, coloque la tapa en la base y gírela para asegurar).
d) PARA HUEVO COCIDO SUAVE: Microondas a temperatura alta (100 % de potencia) durante 30 segundos o a temperatura media (50 % de potencia) durante 50 segundos. Deje reposar durante 30 segundos antes de retirar la envoltura de plástico o la tapa. Si todavía está poco cocido, voltee el huevo en el recipiente, cubra y cocine en el

microondas por otros 10 segundos, o hasta que esté cocido como desee.

e) PARA HUEVO COCIDO DURO: Microondas a temperatura alta (100 % de potencia) durante 40 segundos. Deje reposar durante 30 segundos antes de retirar la envoltura de plástico o la tapa. Si todavía está poco cocido, voltee el huevo en el recipiente, cubra y cocine en el microondas por otros 10 segundos, o hasta que esté cocido como desee.

7. Quiche

Ingredientes
- 4 huevos
- Base de tarta precocida
- Rellenos deseados
- 1 1/2 tazas (375 ml) de crema o leche
- sal y pimienta (opcional)

Direcciones
a) Precaliente el horno a 350°F (180°C). Espolvoree queso y cualquier otro relleno que desee en el fondo de la base de la tarta.
b) Batir los huevos y la nata en un bol hasta que estén bien mezclados. Sazone con sal y pimienta (opcional).
c) Vierta con cuidado la mezcla en la base de la tarta.
d) Hornee durante 35 a 40 minutos o hasta que el relleno se dore. Para verificar que esté listo, inserte un cuchillo en el centro del quiche. Si sale limpio, ¡ya está! Deje reposar durante 10 minutos antes de servir.

8. Frittatas

Ingredientes
- 8 huevos
- 1/2 taza (125 ml) de agua
- 1/8 de cucharadita (0,5 ml) de sal
- 1/8 de cucharadita (0,5 ml) de pimienta
- Aceite en aerosol, mantequilla o aceite
- 2 tazas (500 ml) de relleno Ingredientes (verduras picadas, carne, aves, mariscos o una combinación)
- 1/2 taza (125 ml) de queso rallado
- Hierbas frescas o secas, al gusto (opcional)

Direcciones

a) Precaliente el horno para asar. Bate los huevos, el agua, las hierbas, la sal y la pimienta en un tazón mediano. Dejar de lado.

b) Caliente una sartén antiadherente resistente al horno de 10 pulgadas (25 cm) a fuego medio. Cubra la sartén con aceite en aerosol (si solo usa una sartén normal), mantequilla o aceite, según sus preferencias. Si usa mantequilla, espere suficiente tiempo para que se derrita y si usa aceite, espere 30 segundos para que se caliente. Agregue los ingredientes de relleno, saltee hasta que estén completamente cocidos, revolviendo con frecuencia.

c) Vierta la mezcla de huevo. A medida que la mezcla se asienta alrededor del borde de la sartén, levante suavemente las porciones cocidas con una espátula para permitir que el huevo crudo fluya por debajo. Cocine hasta que la parte inferior esté lista y la parte superior esté casi lista, alrededor de 8 a 10 minutos..

d) Espolvorea queso por encima. Coloque la sartén en el asador precalentado durante 2 o 3 minutos para derretir el queso e inflar la frittata o cubra con una tapa y cocine durante un par de minutos en la estufa.

e) Afloje alrededor del borde de la frittata con un cuchillo. Cortar en gajos y servir.

9. suflés

Ingredientes
- 4 huevos
- 2 claras de huevo
- 2 cucharadas (30 ml) de mantequilla
- 2 cucharadas (30 ml) de harina para todo uso
- 1/2 cucharaditas (2,5 ml) de sal
- Pizca de pimienta
- 3/4 taza (175 ml) de leche (1 %)
- 1/4 cucharaditas (1,25 ml) de cremor tártaro

Direcciones

a) Precaliente el horno a 375°F (190°C). Derrita la mantequilla en una cacerola mediana a fuego lento. Agregue la harina, la sal y la pimienta. Cocine, revolviendo constantemente, hasta que la mezcla esté suave y burbujeante. Agregue la leche gradualmente. Continúe revolviendo hasta que la mezcla esté suave y se haya espesado.

b) Separar las 4 yemas de huevo, reservando 2 de las claras. Bate bien las yemas y agrega 1/4 de taza (60 ml) de la mezcla de salsa tibia a las yemas de huevo.

c) Combine esta mezcla de yema con la salsa restante, mezclando bien.

d) Bate las claras de huevo con la crema de tártaro en un tazón grande, hasta que estén firmes pero no secas.

e) Incorpore algunas de las claras de huevo a la salsa para que quede más liviana, luego incorpore suavemente, pero completamente, la salsa a las claras de huevo restantes.

f) Vierta con cuidado en una fuente para soufflé o cacerola de 4 tazas (1 L) ligeramente engrasada.

g) Hornee hasta que esté hinchado y ligeramente dorado, alrededor de 20 a 25 minutos.

10.   Crepes

Ingredientes
4 huevos
1/2 cucharaditas (2,5 ml) de sal
2 tazas (500 ml) de harina para todo uso
2 tazas (500 ml) de leche
1/4 taza (60 ml) de aceite vegetal
aerosol para cocinar o mantequilla

Direcciones

a) Combine los huevos y la sal en un tazón mediano. Poco a poco agregue la harina, alternando con la leche y batiendo hasta que quede suave. Batir lentamente el aceite. También puedes usar una licuadora para este paso. Procese todos los ingredientes hasta que quede suave, aproximadamente 1 minuto. Refrigere la masa durante al menos 30 minutos para permitir que la harina se expanda y las burbujas de aire colapsen. La masa puede espesarse durante este tiempo, por lo que es posible que deba diluirla agregando un poco más de leche o agua. La masa para crêpes debe tener la consistencia de una crema espesa.

b) Cubra su molde para crepes con un poco de aceite en aerosol (si solo usa un molde normal) o mantequilla. Caliente a fuego medio-alto hasta que las gotas de agua chisporroteen cuando se rocían en la sartén.

c) Revuelve la masa y vierte unas 3 cucharadas (45 ml) de masa en la sartén de una sola vez.

d) Incline y gire rápidamente la sartén mientras la agita suavemente con un movimiento circular para cubrir el fondo de la sartén con la masa.

Cocine hasta que el fondo de la crepe esté ligeramente dorado, unos 45 segundos. Voltee la crepe con una espátula y cocine por otros 15 a 30 segundos. Transferir a un plato y repetir con la masa restante. Agregue más aceite en aerosol o mantequilla a la sartén si las crepas comienzan a pegarse.

11.   Merengue

Ingredientes
- 3 claras de huevo a temperatura ambiente
- 1/4 cucharaditas (1,25 ml) de cremor tártaro o jugo de limón
- 1/4 taza (60 ml) de azúcar granulada

Direcciones
a) Precaliente el horno a 425°F (220°C). Para preparar un merengue básico, separe las claras de huevo y colóquelas en un recipiente de vidrio o de metal (los recipientes de plástico pueden tener una película grasosa que evita la formación de espuma). Separa los huevos sin dejar ningún rastro de yema en las claras ya que la grasa de la yema impedirá que las claras desarrollen el volumen que deseas.

b) Agregue la crema de tártaro y, con una batidora eléctrica, bata las claras de huevo hasta que estén espumosas. Deben formar lo que se llama picos suaves. Los picos son las "colinas" que se elevan al retirar los batidores de la espuma. Sabrás que tus picos son suaves cuando las puntas caigan suavemente.

c) Agregue gradualmente el azúcar, de 1 a 2 cucharadas (15-30 ml) a la vez hasta que esté todo incorporado y los picos se vuelvan brillantes. Continúe batiendo hasta que la espuma forme picos rígidos y todo el azúcar se haya disuelto. Para comprobar si el azúcar se ha disuelto, frota el merengue batido entre el pulgar y el índice. Si se siente arenoso, bata los huevos unos segundos más hasta que quede suave.

d) Apila el merengue sobre el relleno tibio y hornea durante unos 4 o 5 minutos, lo suficiente para dorar suavemente los picos.

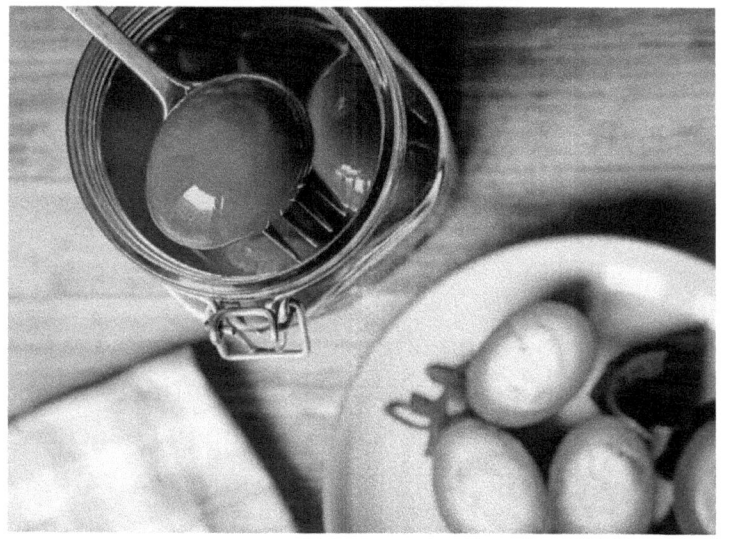

12.   huevos en escabeche

Ingredientes
- 12 huevos duros
- 1 taza (250 ml) de agua
- 1 taza (250 ml) de vinagre blanco
- 1 cucharada (15 ml) de azúcar granulada
- 1 cucharadita (5 ml) de sal
- 2 cucharaditas (10 ml) de especias para encurtir

Direcciones
a) En una cacerola pequeña a fuego alto, combine el agua, el vinagre, el azúcar, la sal y las especias para encurtir. Llevar a ebullición, revolviendo con frecuencia hasta que el azúcar se disuelva. Reduzca el fuego a bajo y cocine a fuego lento durante 10 minutos.

b) Asegurándose de que estén completamente fríos, pele los huevos duros y colóquelos en el frasco. Descubra cómo hacer huevos duros perfectos en la página 4.

c) Vierta el líquido de encurtido caliente en el frasco, directamente sobre los huevos. Puede colar las especias para encurtir en este paso, pero los ingredientes sin colar hacen una buena presentación.

d) Refrigere por lo menos 2 días antes de usar.

13. masa basica para galletas

Ingredientes

- 2 1/4 tazas (550 ml) de harina para todo uso
- 1 cucharadita (5 ml) de bicarbonato de sodio
- 1/4 cucharaditas (1,25 ml) de sal
- 3/4 taza (175 mL) de mantequilla, a temperatura ambiente
- 3/4 taza (175 ml) de azúcar granulada
- 3/4 de taza (175 ml) de azúcar morena envasada
- 2 huevos
- 1 cucharadita (5 ml) de vainilla

Direcciones

a) Precaliente el horno a 350 °F (180 °C) y cubra sus bandejas para hornear con papel pergamino o tapete de silicona. Combine la harina, el bicarbonato de sodio y la sal en un tazón mediano.

b) Bate la mantequilla y los azúcares granulado y moreno con una batidora eléctrica en un tazón grande hasta que quede suave y esponjoso. Agrega los huevos y la vainilla y bate hasta que estén bien mezclados. Agregue la mezcla de harina y bata hasta que se mezclen.

c) Deje caer una cucharada de masa con una separación de unos 5 cm (2 pulgadas) sobre las bandejas para hornear preparadas. Hornee hasta que las galletas pierdan su apariencia brillante, unos 9 minutos. Deje que las galletas se enfríen en las bandejas para hornear durante 1 minuto antes de transferirlas a una rejilla para que se enfríen por completo.

HUEVO FRESCO DIARIO

14.   tomates rellenos

Ingredientes:

- 8 tomates pequeños, o 3 grandes
- 4 huevos duros, enfriados y pelados
- 6 cucharadas de alioli o mayonesa
- Sal y pimienta
- 1 cucharada de perejil picado
- 1 cucharada de pan rallado blanco, si usa tomates grandes

Direcciones:

a) Sumerja los tomates en un recipiente con agua helada o extremadamente fría después de quitarles la piel en una olla con agua hirviendo durante 10 segundos.

b) Corta la parte superior de los tomates. Con una cucharadita o un cuchillo pequeño y afilado, raspe las semillas y el interior.

c) Triture los huevos con el alioli (o mayonesa, si se usa), sal, pimienta y perejil en un tazón para mezclar.

d) Rellene los tomates con el relleno, presionándolos firmemente. Vuelva a colocar las tapas en un ángulo alegre en los pequeños tomates.

e) Rellene los tomates hasta arriba, presionando firmemente hasta que estén nivelados. Refrigere durante 1 hora antes de cortar en anillos con un cuchillo de trinchar afilado.

f) Decorar con perejil.

15.   pan suflé español

Porciones: 1

Ingrediente

- 1 caja de arroz integral rápido español
- 4 huevos
- 4 onzas de chiles verdes picados
- 1 taza de agua
- 1 taza de queso rallado

Direcciones:

a) Siga las instrucciones del empaque para cocinar el contenido de la caja.

b) Cuando el arroz esté listo, agregue los ingredientes restantes, excepto el queso.

c) Cubra con queso rallado y hornee a 325 ° F durante 30-35 minutos.

16.   Horneado de desayuno de arándanos

Rendimiento: 6 porciones

Ingredientes:

- 6 rebanadas de pan integral, rancio o seco
- 2 huevos batidos
- 1 taza de leche sin grasa
- 1/4 taza de azúcar morena, dividida
- Ralladura de 1 limón, dividida
- 2 cucharaditas de canela, divididas
- 2 1/2 tazas de arándanos, cantidad dividida

Direcciones:

a) Precaliente el horno a 350 grados Fahrenheit. Con aceite en aerosol, engrase una bandeja para muffins de 12 tazas.

b) Cubite el pan y déjalo a un lado. Batir los huevos, la leche y el azúcar en un recipiente grande para mezclar.

c) Agrega 2 cucharadas de azúcar moreno, 1/2 cucharadita de canela y 1/2 ralladura de limón.

d) Mezcle el pan y 1 1/2 taza de arándanos en la mezcla de huevo y bata hasta que el líquido se absorba en su mayor parte. Llene los moldes para muffins hasta la mitad con la masa.

e) Combine 1 cucharada de azúcar morena y 1 cucharadita de canela en un tazón pequeño. Sobre las tazas de tostadas francesas, espolvorea la cobertura. Cocine durante 20-22 minutos, o hasta que la parte superior esté dorada y la tostada francesa esté lista.

f) Mientras tanto, ponga la 1 taza restante de arándanos, la ralladura de limón y 1 cucharada de azúcar morena en una cacerola pequeña y cocine a fuego medio-bajo durante 8-10 minutos, o hasta que suelte líquido.

g) Triture los arándanos con un machacador de papas hasta que alcancen la consistencia requerida.

h) Use la mezcla de arándanos como un jarabe para rociar sobre la tostada francesa horneada.

17.   Huevos en Salsa

Rendimiento: 4 porciones

Ingredientes:

- 1 cucharada de aceite de oliva
- 1/2 cebolla amarilla, picada
- 1 cucharada de pasta de tomate
- 3 cucharaditas de pimentón
- 3 dientes de ajo, picados
- 4 rodajas de pimiento rojo asado, cortado en cubitos
- 1 lata de 28 onzas de tomates triturados bajos en sodio
- 1/8 cucharadita de sal
- 3 tazas de espinacas frescas
- 1/4 taza de perejil fresco, picado
- 4 huevos grandes
- 2 pitas de trigo integral, tostadas

Direcciones:

a) En una sartén antiadherente grande, caliente el aceite a fuego medio.

b) Agregue las cebollas y cocine a fuego lento durante 2 minutos, o hasta que se hayan ablandado un poco. Cocine durante 30 segundos después de agregar la pasta de tomate, el pimentón y el ajo.

c) Mezcle los pimientos, los tomates y los condimentos. Reduzca el fuego a bajo después de hervir a fuego lento.

d) Cocine, revolviendo ocasionalmente, durante 30 minutos.

e) Agregue las espinacas y la mitad del perejil y revuelva para combinar. Haz cuatro pocillos en la mezcla de tomate con una cuchara de madera. Rompa un huevo en cada uno de los cuatro pocillos, cubra y cocine durante 8 minutos, o hasta que las claras de huevo estén cuajadas.

f) Como toque final, espolvorea el perejil restante por encima. Sirva con pan de pita para mojar.

18.   huevos en nidos

Rendimiento: 6 porciones

Ingredientes:

- 1 libra de batatas, peladas
- 2 cucharadas de aceite de oliva
- 1/4 cucharadita de sal, dividida
- 1/4 cucharadita de pimienta negra, cantidad dividida
- 12 huevos grandes

Direcciones:

a) Precaliente el horno a 400 grados Fahrenheit.

b) Usando aceite en aerosol, cubra una bandeja para muffins de 12 tazas.

c) Con un rallador de caja, triture las papas y reserve. En una sartén grande, caliente el aceite de oliva a fuego medio-alto. 1/8 de cucharadita de sal, 1/8 de cucharadita de pimienta, batatas cortadas en cubitos

d) Cocine las papas hasta que estén blandas, unos 5-6 minutos. Retire del fuego y reserve hasta que se enfríe lo suficiente como para manipularlo.

e) En cada taza de muffin, presione 1/4 taza de papas cocidas. En el fondo y los lados del molde para muffins, presiona firmemente.

f) Cubra las papas con aceite en aerosol y hornee durante 5 a 10 minutos, o hasta que los lados estén ligeramente dorados.

g) En cada nido de camote, rompa un huevo y sazone con el 1/8 de cucharadita de sal restante y el 1/8 de cucharadita de pimienta.

h) Hornee durante 15-18 minutos, o hasta que las claras y las yemas de huevo estén cocidas al punto deseado.

i) Deje reposar durante 5 minutos para que se enfríe antes de retirar de la sartén. ¡Sirve y diviértete!

19. Frittata con queso feta y verduras

Rendimiento: 8 porciones

Ingredientes:

- 1 cucharada de aceite de oliva
- 1 cebolla amarilla pequeña, cortada en cubitos
- 2 dientes de ajo, picados
- 4 tazas de acelgas, cortadas en tiras
- 8 huevos grandes
- 1/4 cucharadita de pimienta negra
- 1/2 taza de queso feta bajo en grasa, desmenuzado
- 2 cucharadas de perejil fresco, picado

Direcciones:

a) Precaliente el horno a 350 grados Fahrenheit.

b) A fuego medio-alto, calienta una sartén grande apta para horno. Saltee la cebolla durante 3-4 minutos, o hasta que se ablande.

c) Cocine durante 3-4 minutos más, o hasta que la acelga se ablande.

d) Mientras tanto, mezcle los huevos y la pimienta negra en un recipiente grande para mezclar.

e) Mezcle la mezcla de verduras y cebolla con los huevos en un recipiente para mezclar. Mezcle el queso feta en la mezcla de huevo.

f) Regrese la mezcla de huevo a la sartén apta para horno, revolviendo para evitar que la frittata se pegue.

g) Precaliente el horno a 350°F y hornee la sartén durante 15-18 minutos, o hasta que los huevos estén listos.

h) Retirar del horno, espolvorear con perejil picado y reservar durante 5 minutos antes de cortar en 8 porciones. ¡Sirve y diviértete!

20. Huevos diabólicos sabrosos

Rendimiento: 6 porciones

Ingredientes:

- 6 huevos grandes
- 1 aguacate, cortado a la mitad y sin semillas
- 1/3 taza de yogur griego natural sin grasa
- Ralladura y jugo de 1 limón
- 1 cucharada de mostaza Dijon
- 1/4 cucharadita de pimienta negra
- 1 cucharada de cebollín picado

Direcciones:

a) En una cacerola grande, rompa los huevos y cúbralos con agua fría.

b) Llevar a ebullición, luego retirar del fuego. Espere 15 minutos para que los huevos se empapen en el agua de la sartén.

c) Retire los huevos y déjelos a un lado para que se enfríen. Pelar y partir los huevos por la mitad a lo largo.

d) En un procesador de alimentos, combine 3 yemas de huevo. Guarde las yemas de huevo restantes para otro propósito o deséchelas.

e) En un procesador de alimentos, combine el aguacate, el yogur griego, la ralladura y el jugo de limón, la mostaza Dijon y la pimienta negra con las yemas de huevo. Mezcla todo junto hasta que esté completamente suave.

f) Coloque las claras de huevo en un plato para servir y coloque la mezcla de yema de huevo en una bolsa con cierre hermético. Exprima la mezcla de yema de huevo en las claras de huevo cortando una de las esquinas inferiores.

g) Espolvorea cebollino picado sobre los huevos rellenos. ¡Sirve y diviértete!

21. Panqueques De Calabaza Cubiertos

Rendimiento: 12 porciones

Ingredientes:

- 1 1/2 tazas de leche sin grasa
- 1 taza de puré de calabaza en lata
- 1 huevo
- 5 cucharadas de azúcar morena, divididas
- 2 cucharadas de aceite vegetal
- 1 cucharadita de extracto de vainilla
- 1 taza de harina integral
- 1 taza de harina para todo uso
- 2 cucharadas de polvo de hornear
- 1 1/2 cucharaditas de canela, dividida
- 1 cucharadita de pimienta de Jamaica
- 1/2 cucharadita de nuez moscada
- 1/4 cucharadita de sal
- 3 manzanas, peladas y cortadas en cubitos

Direcciones:

a) Combine la leche, la calabaza, el huevo, 3 cucharadas de azúcar morena, el aceite y la vainilla en un recipiente grande para mezclar.

b) Combine la harina de trigo, la harina para todo uso, el polvo de hornear, 1 cucharadita de canela, la pimienta de Jamaica, la nuez moscada y la sal en un recipiente aparte.

c) Revuelva la mezcla de calabaza en los Ingredientes secos: hasta que se incorpore, teniendo cuidado de no mezclar demasiado.

d) En una cacerola pequeña, caliente 3 cucharadas de agua a fuego medio. Mezcle las manzanas cortadas en cubitos con las 2 cucharadas restantes de azúcar morena y 1/2 cucharadita de canela. Caliente durante 8-12 minutos, o hasta que las manzanas estén blandas.

e) Retira las manzanas del fuego y tritúralas con un machacador de papas o un tenedor hasta que se forme una compota de manzana gruesa. Eliminar de la ecuación.

f) Mientras tanto, cubra una sartén o plancha antiadherente con aceite en aerosol y caliéntela a fuego medio-alto.

g) Vierta 1/4 taza de masa para panqueques por panqueque en una sartén o plancha preparada.

h) Los panqueques deben cocinarse durante 2-3 minutos por lado o hasta que estén dorados.

i) ¡Sirve con la mezcla de manzana guisada encima y disfruta!

22.   Tortitas De Zanahoria Y Patata

Rendimiento: 6 porciones

Ingredientes:

- 2 papas rojizas grandes, peladas
- 2 zanahorias grandes, peladas
- 1 cebolla amarilla pequeña, pelada
- 4 claras de huevo, batidas
- 3 cucharadas de harina para todo uso
- 1 cucharadita de polvo de hornear
- Aceite en aerosol antiadherente
- 3/4 taza de puré de manzana sin azúcar, opcional

Direcciones:

a) Usando el lado grande de un rallador de caja, ralle las papas peladas, las zanahorias y la cebolla.

b) Exprima el exceso de agua de las verduras ralladas con una toalla de papel sobre el fregadero.

c) En un recipiente grande para mezclar, combine las verduras escurridas.

d) Combine la mezcla de patatas con las claras de huevo batidas.

e) Mezcle la harina, el polvo de hornear y la sal con la mezcla de papas.

f) Rocíe una sartén antiadherente con aceite en aerosol y caliente a fuego medio.

g) Coloque 1/4 taza de cucharadas de la mezcla de papas en la plancha, dejando un espacio de 1 pulgada entre cada panqueque. 3 minutos en el horno

h) Voltee y cocine por 3 minutos más del otro lado, o hasta que estén doradas. Repita con el resto de la mezcla de papas.

i) Atender.

23.   Tazas de hash de desayuno

Porciones: 12

Ingredientes:

- Spray para cocinar
- 3 tazas de croquetas de patata congeladas, descongeladas
- 5 rebanadas de tocino de pavo
- 1 ½ tazas de sustituto de huevo bajo en colesterol
- 1 taza de queso cheddar rallado bajo en grasa
- 3 cucharadas de margarina sin grasa
- ¼ taza de cebolla picada
- ¼ taza de pimiento morrón picado pimienta negra

Direcciones

a) Precaliente el horno a 400 grados Fahrenheit. Permita que los hash browns alcancen la temperatura ambiente antes de usarlos. Prepara un molde para muffins con aceite en aerosol.

b) Prepara el tocino. Dejar que se enfríe antes de servir.

c) Mezcle las croquetas de patata, la sal y la pimienta. 12 moldes para muffins, divididos uniformemente

d) Hornee por 15 minutos a 400 grados o hasta que esté ligeramente dorado. Retire el plato del horno.

e) Mientras tanto, mezcle los huevos, el queso, las cebollas y el pimiento.

f) Corta el tocino y colócalo sobre la mezcla de hash brown en moldes para muffins.

g) Cucharee uniformemente la mezcla de huevo en moldes para muffins. Precaliente el horno a 350°F y hornee de 13 a 15 minutos. Atender.

24. Frittata de verduras con queso

Porciones: 6

Ingredientes:

- 6 huevos grandes
- 2 cucharadas de harina integral
- 1 cucharadita de pimienta negra
- 1 cebolla mediana, cortada en trozos de ½ pulgada
- 1 taza de espinacas frescas o congeladas, cortadas en trozos de ½ pulgada
- 1 taza de pimiento morrón rojo y/o verde, cortado en trozos de ½ pulgada
- 1 taza de champiñones frescos, en rodajas
- 1 diente de ajo, finamente picado
- 2 cucharadas de hojas de albahaca fresca
- ⅓ taza de queso mozzarella parcialmente descremado, rallado
- Spray para cocinar

Direcciones

a) Precaliente el horno (horno convencional o tostador) para asar.

b) En un recipiente grande, bata los huevos hasta que estén espumosos, luego agregue la harina de trigo integral, la pimienta negra y el polvo de hornear.

c) Cubra una sartén pesada con un mango resistente al horno con aceite en aerosol y caliéntela a fuego medio.

d) Agregue la cebolla y saltee hasta que se ablande, luego agregue las espinacas, el pimiento y los champiñones y continúe cocinando a fuego lento durante otros 2-3 minutos.

e) Cocine por 1 minuto después de agregar el ajo y la albahaca. Para evitar que las cosas se quemen, revuélvelas constantemente.

f) Vierta la mezcla de huevo en la sartén y revuelva para incluir las verduras.

g) Cocine durante 5-6 minutos, o hasta que la mezcla de huevo se haya asentado en el fondo y comience a asentarse en la parte superior.

h) Agregue el queso rallado y empújelo suavemente debajo de los huevos con el dorso de la cuchara para que no se queme en el horno.

i) Precaliente el horno para asar y hornear durante 3-4 minutos, o hasta que esté dorado y esponjoso.

j) Retirar de la sartén y cortar en 6 porciones.

25. Bocaditos de brownie de frijoles negros

Rendimiento: 16 porciones

Ingredientes:

- 3/4 taza de frijoles negros bajos en sodio, escurridos
- 1/4 taza de puré de manzana sin azúcar
- 1/4 taza de aceite de canola
- 2 claras de huevo grandes
- 1 huevo grande
- 1/2 taza de azúcar morena envasada
- 1 cucharadita de extracto de vainilla
- 1/4 taza de cacao en polvo sin azúcar
- 1/3 taza de harina de trigo integral
- 1/2 cucharadita de polvo de hornear
- 1/2 cucharadita de sal
- 1/2 taza de chispas de chocolate semidulce

Direcciones:

a) Precaliente el horno a 350 grados Fahrenheit.

b) Mezcle los frijoles negros, el puré de manzana y el aceite de canola hasta que quede suave en una licuadora. Agregue las claras de huevo, el huevo, el azúcar y la vainilla a un tazón grande para mezclar y mezcle para incorporar.

c) Combine el cacao en polvo, la harina, el polvo de hornear y la sal en un recipiente aparte.

d) Batir la mezcla de harina en la mezcla de frijoles negros hasta que la masa esté suave. Los trozos de chocolate deben doblarse.

e) Precaliente el horno a 350°F y hornee durante 20-25 minutos, o hasta que al insertar un cuchillo en el centro, éste salga limpio.

f) ¡Deje que se enfríe completamente antes de cortarlo en 16 bocados y servir!

26.   Patatas dulces a la florentina

Rendimiento: 4 porciones

Ingredientes:

- 4 batatas medianas
- 2 paquetes de 10 onzas de espinacas
- 1 cucharada de aceite de oliva
- 1 chalota, picada
- 2 dientes de ajo, picados
- 6 tomates secados al sol, cortados en cubitos
- 1/4 cucharadita de sal
- 1/4 cucharadita de pimienta negra
- 1/4 cucharadita de hojuelas de pimiento rojo
- 1/2 taza de queso ricotta parcialmente descremado

Direcciones:

a) Precaliente el horno a 400 grados Fahrenheit.

b) Coloque las batatas en una bandeja para hornear preparada después de perforarlas con un tenedor.

c) Hornee durante 45-60 minutos, o hasta que las papas estén cocidas. Deje tiempo para que se enfríe.

d) Parta las patatas por la mitad con un cuchillo y esponje la pulpa de la patata con un tenedor, luego reserve.

e) En una sartén grande, caliente el aceite a fuego medio. Cocine durante 2-3 minutos, o hasta que los chalotes se ablanden.

f) Cocine por otros 30 segundos, o hasta que el ajo esté aromático.

g) En un tazón grande, combine las espinacas escurridas, los tomates, la sal, la pimienta negra y las hojuelas de pimiento rojo. Cocine por otros 2 minutos.

h) Retire del fuego y deje enfriar.

i) Incorpora el queso ricotta a la mezcla de espinacas.

j) Sirva la mezcla de espinacas encima de las batatas divididas. ¡Disfrutar!

27. Muffins de Zanahoria

Rendimiento: 24 porciones

Ingredientes:

- 2 1/4 tazas de avena pasada de moda
- 1 taza de harina de trigo integral
- 1/2 taza de linaza molida
- 2 cucharaditas de canela
- 1/2 cucharadita de nuez moscada
- 1/2 cucharadita de bicarbonato de sodio
- 1/2 cucharadita de sal
- 1 taza de puré de manzana sin azúcar
- 1/2 taza de miel o jarabe de arce puro
- 1 huevo grande
- 2 cucharaditas de extracto de vainilla
- 1/4 taza de mantequilla sin sal, derretida
- 2 zanahorias medianas, ralladas
- 1 manzana grande, rallada

Direcciones:

a) Precaliente el horno a 350 grados Fahrenheit.

b) Cubra dos moldes para hornear con papel pergamino.

c) Combine la avena, la harina, la linaza, la canela, la nuez moscada, el bicarbonato de sodio y la sal en un plato grande para mezclar.

d) Combine el puré de manzana, la miel, el huevo y el extracto de vainilla en un recipiente mediano. Derretir la mantequilla y agregarla a la mezcla.

e) Combine los componentes húmedos y secos revolviéndolos juntos. En un tazón grande, combine las zanahorias ralladas y la manzana.

f) Coloque la masa en una bandeja para hornear preparada y aplánela con una medida de 1/4 de taza.

g) Hornee durante 14-15 minutos, o hasta que esté ligeramente dorado y listo. Dejar que se enfríe antes de servir.

28. Tartas de pecanas en miniatura

Rendimiento: 15 porciones

Ingredientes:

- 1 cucharada de mantequilla, derretida
- 1 huevo grande
- 4 cucharaditas de azúcar moreno
- 2 cucharadas de miel
- 1/4 cucharadita de extracto de vainilla
- 1/2 taza de pecanas, picadas
- 15 mini conchas de hojaldre

Direcciones:

a) Precaliente el horno a 350 grados Fahrenheit.

b) En un recipiente mediano, agregue todos los ingredientes, excepto las nueces y las cáscaras de hojaldre, y mezcle bien. Agregue las nueces picadas y mezcle bien.

c) Coloque pequeñas conchas de pastel en una bandeja para hornear en una capa uniforme. Llene cada caparazón hasta la mitad con la mezcla de nueces. Si queda algo de mezcla, distribúyala uniformemente en todas las conchas.

d) Hornear durante 10-15 minutos. Dejar que se enfríe antes de servir.

29.   Pastel de pelo de cacao

Porciones: 12

Ingredientes:

- ¾ taza de harina, tamizada
- ¼ taza de cacao
- ¼ de taza) de azúcar
- 10 claras de huevo
- 1 cucharadita de cremor tártaro
- 1 taza de azúcar

Direcciones

a) Precaliente el horno a 350 grados Fahrenheit.

b) Tamizar juntos la harina, el cacao y 14 tazas de azúcar.

c) Batir las claras de huevo en un recipiente aparte hasta que estén espumosas. Batir la crema de tártaro hasta que esté firme pero no seca. 1 cucharada a la vez, incorpora la taza de azúcar.

d) Mezcla el extracto de vainilla. Agregue una pequeña cantidad de la mezcla de harina tamizada sobre la masa. Repita hasta que se haya utilizado toda la mezcla de harina.

e) Vierta la masa en un molde de tubo de 9 pulgadas que no haya sido engrasado y hornee por 45 minutos.

f) Para enfriar, invierta el molde y cuelgue el pastel boca abajo durante unas 12 horas después de sacarlo del horno.

30.   Tarta de queso con requesón

Porciones: 8

Ingredientes para corteza

- ¼ taza de margarina dura
- 1 taza de migas de galleta graham bajas en grasa
- 2 cucharadas de azúcar blanca
- ¼ cucharada de canela

Ingredientes para pastel

- 2 tazas de requesón bajo en grasa, en puré
- 2 huevos
- 3 cucharadas de harina para todo uso
- 1 cucharadita de extracto de vainilla
- ⅔ taza de azúcar blanca O ⅓ taza de mezcla de azúcar

Direcciones

a) Precaliente el horno a 325 grados Fahrenheit.

b) Derretir la mantequilla. Combine las migas de galleta graham, el azúcar y la canela en un tazón. Llene un molde con forma de resorte de 10 pulgadas hasta la mitad con la masa.

c) Mezcle el requesón en un procesador de alimentos.

d) Mezcle la leche, los huevos, la harina, la vainilla y el azúcar hasta que estén bien mezclados. Vierta la mezcla en la masa de pastel.

e) Hornear durante 60 minutos en el horno. Permita que se enfríe por completo antes de servir.

31. Huevos Rellenos Microgreen

PORCIONES 9

Ingredientes

- 9 huevos
- 1/4 taza de mayonesa
- 2 cucharadas de tofu suave
- pizca de sal
- 2 cucharadas de microvegetales de rábano picados
- 3 cucharaditas de mostaza preparada
- 2 rábanos frescos en rodajas opcional

Direcciones

- Hervir los huevos hasta que estén listos, 9-11 minutos
- Pelar los huevos y cortarlos con cuidado por la mitad.
- Retire los centros amarillos y colóquelos en un tazón pequeño. Agregue el resto de los ingredientes (menos los rábanos en rodajas) y mezcle bien.
- Vuelva a colocar el relleno en los huevos y cubra con una rodaja de rábano fresco y unas ramitas de microgreens.

32. Panqueques de brotes de guisantes

Ingredientes

- 3 huevos orgánicos grandes
- 1 taza de requesón
- 2 cucharadas de aceite de oliva virgen extra
- 1/2 taza de harina de garbanzos (garbanzos)
- 1 diente de ajo picado
- 2 cucharaditas de ralladura de limón
- 1/2 cucharaditas de sal
- 1 taza de brotes de guisantes picados
- 3 cucharadas de cebollín picado

Direcciones

a) En un procesador de alimentos o licuadora, mezcle los huevos, el requesón, el aceite, la harina, el ajo, la ralladura de limón y la sal. Pulso en brotes de guisantes y cebolletas.

b) Caliente una sartén ligeramente engrasada a fuego medio.

c) Trabajando en lotes, agregue la masa 1/4 taza a la vez a la sartén y cocine los panqueques hasta que se formen burbujas en la parte superior, aproximadamente de 2 a 3 minutos.

d) Voltee y cocine hasta que los panqueques estén dorados en el fondo y los centros estén completamente cocidos, aproximadamente 1 minuto más.

e) Deje que los panqueques se enfríen en una rejilla de metal mientras prepara la masa restante.

33.   Tortilla de Clara de Huevo y Microgreens

Ingredientes

- 2 claras de huevo
- Pizca de sal y pimienta
- 2 cucharaditas de leche
- Spray para cocinar

Direcciones

a) Batir dos claras de huevo y 2 cucharaditas de leche.

b) Agregue la mezcla a una sartén con una capa ligera de aceite en aerosol y cocínelos a fuego medio a bajo.

c) Agregue un poco de sal y pimienta al huevo mientras se cocina, voltee el huevo cuando el fondo se vea cocido.

d) Una vez que el otro lado esté listo, transfiéralo a un plato y llénelo con aguacate en rodajas, queso de cabra desmenuzado y algunos microgreens frescos y dóblelo por la mitad.

34. Pinon (tortilla de plátano macho)

Rendimiento: 4 porciones

Ingrediente

- 3 plátanos muy maduros
- Aceite para freír
- 1 cebolla; Cortado
- ½ pimiento verde; Cortado
- 2 dientes de ajo
- ½ libra de carne molida (normalmente omito)
- ¼ taza de salsa de tomate
- 1 cucharada de alcaparras
- 1 cucharada de aceitunas verdes en rodajas (opcional)
- Sal y pimienta
- ½ libra de judías verdes; fresco o congelado, cortado en trozos de 3 pulgadas
- 6 huevos
- ¼ taza de mantequilla

Direcciones

a) Pela los plátanos, córtalos en rodajas a lo largo de 2 pulgadas de grosor y fríelos en aceite hasta que estén dorados. Retire, escurra y mantenga caliente. En una sartén, saltee la cebolla, el pimiento verde y el ajo hasta que estén suaves pero no dorados.

b) Agrega la carne molida y fríe a fuego alto por 3 minutos. Vierta la salsa de tomate y agregue las alcaparras y las aceitunas, si lo desea. Cocine 15 minutos a fuego medio, revolviendo ocasionalmente. Sazone con sal y pimienta al gusto. Lave las judías verdes y cocínelas al vapor hasta que estén tiernas. Batir los huevos, agregando sal y pimienta al gusto.

c) Unte con mantequilla los lados y el fondo de una cacerola redonda y derrita la mantequilla restante en el fondo. Vierta la mitad de los huevos batidos y cocine a fuego medio durante aproximadamente 1 minuto o hasta que cuaje ligeramente. Cubrir los huevos con un tercio de las rodajas de plátano, siguiendo con capas de la mitad de la carne molida y la mitad de los frijoles verdes. Agregue otra capa de plátanos, el resto de la carne molida, otra capa de frijoles y cubra con los plátanos. Vierta el resto de los huevos batidos por encima. Cuece a fuego lento durante 15 minutos, sin tapar, con cuidado de que no se queme la tortilla.

d) Luego coloque en un horno precalentado a 350 grados durante 10 a 15 minutos para dorar la parte superior.

e) Sirva con arroz y frijoles. Excelente para el almuerzo.

35. Bollos puertorriqueños de harina de arroz

Rendimiento: 24 bollos

Ingrediente

- 2 tazas de leche
- 2 onzas de mantequilla
- $\frac{3}{4}$ cucharadita de sal
- 2 tazas de harina de arroz muy fina
- 2 cucharaditas de polvo de hornear
- 3 huevos
- $\frac{1}{2}$ libra de queso blanco suave
- Manteca de cerdo o aceite vegetal para freír

Direcciones

a) En una cacerola, caliente hasta que hierva, los ingredientes en "A" y retire del fuego.

b) Combine la harina de arroz y el polvo de hornear y mezcle con el contenido en una cacerola. Agregue los huevos UNO A LA VEZ y mezcle.

c) Cocine a fuego moderado, revolviendo constantemente con una cuchara de madera, hasta que la mezcla se separe de los lados y el fondo de la cacerola.

d) Retírelo del calor. Triture el queso con un tenedor y agréguelo. Mezcle bien.

e) Deje caer la mezcla por cucharadas en grasa, calentada a 375F, hasta que se dore. Retirar y escurrir sobre papel absorbente.

36.   flan de queso de puerto rico

Rendimiento: 4 porciones

Ingrediente

- 4 huevos grandes
- 1 lata (14 Oz) de Leche Condensada; Endulzado
- 1 lata (12 Oz.) de Leche Evaporada
- 6 onzas de queso crema
- 1 cucharadita de extracto de vainilla

Direcciones

a) Mezcle los huevos, la leche y la vainilla.

b) Ablande el queso crema y mézclelo junto con los demás ingredientes. Tenga cuidado de no mezclar demasiado el queso crema o causará bolsas de aire en el flan.

c) Prepara un caramelo cocinando ½ taza de azúcar a fuego lento hasta que el azúcar se licúe. Use un recipiente de metal para hacer esto.

d) Convierta suficiente caramelo en la cacerola/ramekin para cubrir el fondo.

e) Una vez que el azúcar esté duro, vierta la masa que preparó en las Direcciones 1 y 2 en la cacerola/ramekin.

f) coloque la cacerola/ramekin en un baño maría. La cacerola/ramekin en la que se encuentran los ingredientes debe sumergirse ¾ en agua.

g) Hornee a 325 grados Fahrenheit durante aproximadamente ½ hora. El flan está listo cuando al pinchar con un cuchillo/palillo sale limpio.

37. pastel de carne de puerto rico

Rendimiento: 1 Porciones

Ingrediente

- 1 libra de carne molida
- 1 huevo
- 1 cebolla pequeña picada
- Sal de ajo
- Perejil
- ½ taza de pan rallado
- ½ taza de leche
- 1 cucharada de mostaza
- 2 cubos de caldo de res
- 1 cucharada de salsa Worcestershire
- 5 zanahorias pero a lo largo
- 1 lata de jugo de tomate
- 2 papas medianas

Direcciones

a) Mezcle la carne molida, el huevo, la cebolla, la sal de ajo, las perejil, el pan rallado, la leche y la mostaza y mezcle firmemente.

b) Pasar por harina sazonada con paprika, sal y pimienta. Dorar en una sartén eléctrica, dorar por todos lados. Agregue los cubos de caldo, la salsa Worcestershire, las zanahorias, el jugo de tomate y las papas.

c) Cocine tapado todo junto con la carne durante aproximadamente 1 hora y 15 minutos, o hasta que esté bien cocido.

38.   Aguacate relleno de pescado ahumado

Rendimiento: 4 porciones

Ingrediente

- 4 huevos duros
- $\frac{1}{4}$ taza de leche
- $\frac{1}{4}$ taza de jugo de limón fresco colado
- $\frac{1}{4}$ de cucharadita de azúcar
- $\frac{1}{2}$ cucharadita de sal
- 1/3 taza de aceite vegetal
- 2 cucharadas de aceite de oliva
- $\frac{1}{2}$ libra de pescado blanco ahumado
- 2 aguacates maduros grandes
- 12 tiras de pimiento rojo fresco

Direcciones

a) En un recipiente hondo, triture las yemas de huevo y la leche con una cuchara o un tenedor de mesa hasta que formen una pasta suave. Agregue 1 cucharada de jugo de lima, el azúcar y la sal.

b) Luego agregue el aceite vegetal, una cucharadita más o menos a la vez; asegúrese de que cada adición se absorba antes de agregar más. Añadir el aceite de oliva a cucharadas, batiendo constantemente. Revuelva el jugo de limón restante en la salsa y pruebe para sazonar.

c) Coloque el pescado en un recipiente y desmenúcelo finamente con un tenedor. Agregue las claras de huevo picadas y la salsa, y mezcle suavemente pero a fondo.

d) Vierta la mezcla de pescado en las mitades de aguacate.

39. Huevos al horno con salmón ahumado

Rendimiento: 2 porciones

Ingrediente

- 2 cucharadas de mantequilla
- 3 cucharadas de pan rallado suave
- 2 huevos
- 1 diente de ajo; picado
- 2 onzas de queso crema
- 2 onzas de salmón ahumado; rebanado
- 2 onzas de queso cheddar fuerte; rallado
- 1 tomate; en rodajas gruesas

Direcciones

a) Cazuelas de mantequilla. Presione de 2 a 3 cucharaditas de pan rallado en el fondo y los lados de cada uno. Mezcle las migas restantes con 1 cucharada de mantequilla, reserve. Rompe un huevo en cada plato. Triture el ajo con el queso crema y colóquelo suavemente sobre los huevos. Agregue el salmón ahumado, doblando tiras largas según sea necesario.

b) Espolvorea queso cheddar rallado sobre el salmón. Ponga 1 rodaja de tomate gordo en cada plato. Desmenuce la mitad de las migas de pan sobre cada plato y hornee a 350 durante 8 a 15 minutos, luego ase a la parrilla durante 2 a 3 minutos, hasta que la parte superior esté dorada y ligeramente crujiente. Servir de una vez.

40. Huevo poché y salmón ahumado

Rendimiento: 4 porciones

Ingrediente

- ½ taza de crema agria
- 3 cucharadas de cebollín picado
- 2 cucharadas de vino blanco
- sal; probar
- pimienta negra recién molida; probar
- 4 huevos grandes
- 4 papas grandes recién horneadas
- 4 onzas de salmón ahumado; en juliana
- 1 cebollino picado
- 1 caviar de cebolla roja picado finamente

Direcciones

a) En un tazón pequeño combine la crema agria, las cebolletas y el vino blanco; sazone al gusto con sal y pimienta. Dejar de lado. En una cacerola o sartén poco profunda, hierva 2 pulgadas de agua fría y vinagre a fuego medio.

b) Reduzca el fuego hasta que el agua hierva a fuego lento. Rompe los huevos, uno a la vez, en un molde o taza de café. Sosteniendo el ramekin lo más cerca posible del agua, deslice suavemente el huevo en el agua. Pochar los huevos 3 minutos para una cocción muy suave, 5 minutos para una cocción medio-suave.

c) Con una cuchara ranurada, saque los huevos. Si es necesario, séquelo suavemente con toallas de papel. Rebane la parte superior de las papas al horno y exprímalas. Cubra con los huevos y las tiras de salmón entrecruzadas. Usando una botella exprimible o una cucharadita, rocíe la salsa de crema agria sobre el salmón y alrededor de las papas.

d) Adorne decorativamente con cebollino, cebolla y caviar y sirva inmediatamente.

41. Yemas de huevo en conserva

Ingredientes

- 1½ tazas de azúcar
- 1½ tazas de sal kosher
- 8 huevos

Direcciones

a) Combine 1 taza de azúcar y 1 taza de sal en el fondo de una cacerola o recipiente cuadrado de 8 pulgadas lo suficientemente grande como para contener ocho yemas de huevo sin tocar.

b) Use el dorso de una cuchara sopera para formar ocho muescas espaciadas uniformemente en la cura de sal y azúcar. No caves demasiado profundo; quieres que cada parte de la parte inferior de la yema toque azúcar y sal.

c) En un plato aparte, separe un huevo. Transfiera con cuidado la yema de huevo a una de las muescas y reserve la clara de huevo para otro uso. Haga lo mismo con el resto de los huevos, uno a la vez. Está bien si accidentalmente rompes una yema, pero es mejor mantenerlas intactas.

d) Vierta suavemente la ½ taza de azúcar restante y la ½ taza de sal sobre las yemas para formar pequeños montículos. Asegúrese de que las yemas estén completamente cubiertas.

e) Cubra el plato o recipiente con una tapa hermética o una envoltura de plástico. Muévelo con cuidado al refrigerador y deja que las yemas se curen durante 4 días.

f) Coloque una rejilla de alambre en una bandeja para hornear. Coloque las yemas en la rejilla, luego deslice la sartén en el horno. Déjalos secar y terminar de curar durante 35 minutos. Tus yemas ya están listas para usar.

42.   huevos en salmuera

Ingredientes

- 6 huevos
- ¾ taza de sal kosher
- 3 tazas de agua

Direcciones

a) Coloque un recipiente de 3 cuartos de galón (o más grande) con tapa sobre una superficie estable en un lugar fresco y apartado, lejos de la luz solar directa. Coloque con cuidado los huevos enteros dentro del recipiente, teniendo cuidado de no romperlos a medida que avanza.

b) Combine la sal y el agua en una jarra y revuelva hasta que tenga una salmuera turbia. Vierta suavemente la salmuera sobre los huevos para cubrirlos por completo.

c) Permita que los huevos reposen en la salmuera durante al menos 5 semanas. Después de 12 semanas, estarán demasiado saladas para disfrutarlas. No habrá ningún cambio visual en los huevos.

d) Para cocinar los huevos, coloque una cacerola pequeña encima de la estufa. Retire con cuidado los huevos de la salmuera y colóquelos con cuidado en el fondo de la olla.

e) Vierta una jarra de agua fresca sobre los huevos para cubrirlos por completo. Tape la olla y cocine a fuego alto hasta que el agua hierva rápidamente. Apague el fuego, mantenga la olla tapada y programe un temporizador durante 6 minutos.

f) Cuando se acabe el tiempo, escurra inmediatamente los huevos y luego páselos por agua fría hasta que estén lo suficientemente fríos como para manipularlos. Use inmediatamente o refrigere por hasta 1 semana.

g) Para servir, enrolle suavemente un huevo para romper la cáscara por todas partes. Pelar el huevo. La clara estará cuajada pero blanda, y la yema estará muy firme y brillante. Come los huevos enteros, pártelos por la mitad a lo largo o pícalos.

43.   Huevos con salsa de soja ahumada

Ingrediente

- 6 huevos
- 1½ tazas de agua
- 1 taza de salsa de soya
- 2 cucharadas de vinagre de arroz
- 2 cucharadas de azúcar
- 4 cucharaditas de té lapsang souchong, en una bolsita o bola de té para retirarlo fácilmente

Direcciones

1. Coloque con cuidado los huevos en una sola capa en una cacerola mediana y cubra con 2 pulgadas de agua. Tape la olla y cocine a fuego alto hasta que el agua hierva rápidamente. Apague el fuego, mantenga la olla tapada y programe un temporizador durante 6 minutos. Cuando se acabe el tiempo, escurra inmediatamente los huevos y luego páselos por agua fría hasta que estén lo suficientemente fríos como para manipularlos.

2. Regrese la cacerola a la estufa y agregue el agua, la salsa de soya, el vinagre, el azúcar y el té. Lleve esta salmuera a ebullición, revolviendo para disolver el azúcar. Apaga el fuego y cubre la salmuera para mantenerla caliente.

3. Mientras tanto, rompa las cáscaras de huevo para obtener un huevo de aspecto marmoleado, o pélelas por completo para obtener una apariencia suave y más sabor a salsa de soya. Para romper una cáscara de huevo, golpee suavemente la parte superior e inferior contra la encimera y luego gírela a lo largo de su costado. Si está pelando los huevos por completo, para obtener mejores resultados, comience a pelar los huevos desde la parte superior grande y redonda, donde notará una pequeña bolsa de espacio debajo de la cáscara.

4. Coloque los huevos partidos o pelados en un frasco de conservas de $1\frac{1}{2}$ cuartos. Deseche el té y vierta la salmuera sobre los huevos para sumergirlos por completo. Si los huevos flotan, péselos con una pequeña bolsa ziplock llena de agua.

5. Cubra los huevos y refrigere por lo menos 6 horas para que tomen el sabor de la salmuera.

44.   Huevos al curry en escabeche

Ingrediente

- 6 huevos
- 2 cucharadas de semillas de comino
- 2 cucharaditas de cilantro molido
- 1½ tazas de agua
- 1 taza de vinagre de sidra de manzana
- 3 dientes de ajo machacados y pelados
- 3 rodajas finas de jengibre fresco
- 2 cucharaditas de cúrcuma molida
- 2 cucharaditas de granos de pimienta negra
- 2 cucharaditas de sal kosher

Direcciones

a) Coloque cuidadosamente los huevos en una sola capa en una cacerola mediana y cubra con 2 pulgadas de agua. Tape la olla y cocine a fuego alto hasta que el agua hierva rápidamente. Apague el fuego, mantenga la olla tapada y programe un temporizador durante 6 minutos.

b) Agregue el comino y el cilantro y tueste a fuego medio, revolviendo con frecuencia, hasta que estén fragantes, aproximadamente 2 minutos y medio. Inmediatamente agregue $1\frac{1}{2}$ tazas de agua para detener la cocción, luego agregue el vinagre, el ajo, el jengibre, la cúrcuma, los granos de pimienta y la sal. Lleva el fuego a alto y hierve la salmuera.

c) Mientras tanto, rompa una cáscara de huevo golpeando suavemente la parte superior e inferior contra la encimera y luego gírela a lo largo de su costado.

d) Coloque los huevos pelados en un frasco de conservas de $1\frac{1}{2}$ cuartos. Vierta la salmuera (incluidos los sólidos) sobre los huevos para sumergirlos en la salmuera.

e) Cubra los huevos y refrigere durante al menos 4 días para que tomen el sabor de la salmuera.

45. Huevos en escabeche de remolacha

Ingrediente

- 6 huevos
- 1 remolacha roja muy pequeña, pelada y cortada en cuartos
- 1 diente de ajo, machacado y pelado
- 2 cucharaditas de azúcar
- 2 cucharaditas de sal kosher
- 1 cucharadita de granos de pimienta negra
- $\frac{1}{2}$ cucharadita de semillas de apio
- $\frac{1}{2}$ cucharadita de semillas de eneldo
- $\frac{1}{4}$ de cucharadita de hojuelas de pimiento rojo (opcional)
- 2 dientes enteros
- 1 hoja de laurel pequeña
- $1\frac{1}{2}$ tazas de agua
- $\frac{3}{4}$ taza de vinagre de sidra de manzana

Direcciones

a) Coloque cuidadosamente los huevos en una sola capa en una cacerola mediana y cubra con 2 pulgadas de agua. Tape la olla y cocine a fuego alto hasta que el agua hierva rápidamente. Apague el fuego, mantenga la olla tapada y programe un temporizador durante 6 minutos.

b) Combine la remolacha, el ajo, el azúcar, la sal, los granos de pimienta, las semillas de apio, las semillas de eneldo, las hojuelas de pimienta, el clavo, la hoja de laurel, el agua y el vinagre en la cacerola a fuego alto. Lleve esta salmuera a ebullición, revolviendo para disolver el azúcar y la sal.

c) Mientras tanto, rompa una cáscara de huevo golpeando suavemente la parte superior e inferior contra la encimera, luego gírela a lo largo de su costado.

d) Coloque los huevos pelados en un frasco de conservas de $1\frac{1}{2}$ cuartos. Vierta la salmuera tibia sobre los huevos.

46. Panecillos de maíz con pavo ahumado

Rendimiento: 36 porciones

Ingrediente

- 1½ taza de harina de maíz amarillo
- 1 taza de Harina, tamizada para todo uso
- ⅓ taza de azúcar
- 1 cucharada de polvo de hornear
- 1 cucharadita de sal
- 1½ taza de leche
- ¾ taza de mantequilla, derretida, enfriada
- 2 huevos, ligeramente batidos
- ½ libra de pechuga de pavo ahumada, en rodajas finas
- ½ taza de condimento de arándano o mostaza con miel

Direcciones

a) Precalentar el horno a 400 grados. Moldes para mini muffins de mantequilla. Combine la harina de maíz, la harina, el azúcar, el polvo para hornear y la sal en un tazón grande. Mezcle la leche, la mantequilla y los huevos en un tazón mediano. Revuelva la mezcla de leche en la mezcla de harina de maíz hasta que se humedezca. Vierta la masa en moldes para mini muffins.

b) Hornee hasta que estén doradas, 14-16 minutos. Deje enfriar sobre una rejilla durante cinco minutos. Retirar de los moldes y dejar enfriar por completo.

47. Salmón ahumado con tortitas de patata

Rendimiento: 2 porciones

Ingrediente

- 150 gramos Puré de patata
- 15 mililitros de harina blanca
- 30 mililitros de leche
- 2 huevos batidos
- Sal y pimienta negra recién molida
- 1 ensalada de cebolla; picado muy fino
- 100 gramos de recortes de salmón ahumado
- 1 cucharada de aceite de oliva
- 225 gramos de filete de salmón ligeramente ahumado
- 2 huevos, escalfados

Direcciones

a) Mezcle la patata, la harina, la leche, los huevos y los condimentos para hacer una masa suave.

b) Agregue la cebolla y los recortes de salmón.

c) Calentar una sartén, añadir un poco de aceite y verter una cucharada grande de la mezcla. La mezcla debe hacer unos 6-8 panqueques, cada uno de 8 cm (3") de diámetro.

d) Cocine cada lado durante 1-2 minutos a fuego medio o hasta que estén dorados. Ponga a un lado y mantenga caliente.

e) Calienta el aceite de oliva en una sartén, añade las lonchas de filete de salmón ligeramente ahumado y cocina durante 1 minuto por cada lado.

48. Salmón ahumado al horno y queso feta

Rendimiento: 2 porciones

Ingrediente

- 3 onzas de salmón ahumado, cortado en cubitos
- 6 onzas de queso crema, ablandado
- 3 onzas de queso feta
- 1 huevo, ligeramente batido
- 1 cucharadita de alcaparras
- 2 cucharadas de perejil finamente picado
- 4 cebolletas, coronadas, cortadas en cubitos
- 1 cucharada de semillas de amapola

Direcciones

a) También necesitará 1 hoja de masa congelada, cortada en un rectángulo de 3" X 8" y un poco de mantequilla derretida. Precalentar el horno a 375 grados. En un tazón mediano, mezcle a mano el salmón, el queso crema, el queso feta, el huevo, las alcaparras, el perejil y las cebolletas. Estirar la lámina de masa hasta duplicar su tamaño.

b) Cepille generosamente con mantequilla derretida. Extienda la mezcla de salmón sobre la hoja. Enrolle, estilo gelatina, doblando los extremos para sellar. Cepille la parte superior del rollo con mantequilla derretida y espolvoree con semillas de amapola. Haga cortes diagonales de $\frac{1}{2}$ pulgada de profundidad en el rollo para permitir que escape el vapor. Hornea el rollo de 20 a 30 minutos o hasta que esté dorado. Servir tibio.

49. Cheesecake de salmón ahumado

Rendimiento: 1 porción

Ingrediente

- 12 onzas de queso crema, ablandado
- ½ libra de salmón ahumado o salmón ahumado
- 3 huevos
- ½ chalote picado
- 2 cucharadas de crema espesa
- 1½ cucharadita de jugo de limón
- pizca de sal
- pizca de pimienta blanca
- 2 cucharadas de azúcar granulada
- ½ taza de yogur natural
- ¼ taza de crema agria
- 1 cucharada de jugo de limón
- ¼ taza de cebollín picado
- Pimientos rojos y amarillos en dados

Direcciones

a) En el tazón de la batidora, bata el queso hasta que esté muy suave. En un procesador de alimentos, haga puré de salmón hasta formar una pasta; añadir los huevos de uno en uno y la chalota.

b) Coloca la mezcla de salmón en un tazón; mezcle la crema, el jugo de limón, la sal, la pimienta y el azúcar; mezclar bien Doblar en queso crema batido.

c) Vierta en un molde con forma de resorte de 7 u 8 pulgadas untado con mantequilla. Coloca el molde lleno en un molde para hornear más grande; rodea una cacerola más pequeña con 1 pulgada de agua caliente. Hornee de 25 a 30 minutos.

d) Mientras tanto, haz la salsa.

1.

50. bollos de queso cheddar

Rendimiento: 8 porciones

Ingrediente

- 4 tazas de mezcla para galletas
- $1\frac{1}{4}$ taza de leche
- 2 huevos
- $\frac{1}{4}$ taza de mantequilla; Derretido
- $2\frac{1}{2}$ tazas de queso Cheddar finamente rallado
- Pavo ahumado; en rodajas finas

Direcciones

a) Combine la mezcla para galletas, la leche, los huevos, la mantequilla y el queso; mezcle bien hasta que los ingredientes se humedezcan.

b) Vierta por cucharadas en una bandeja para hornear ligeramente engrasada. Caliente el horno a 400øF; hornee durante 12 a 14 minutos o hasta que estén doradas. Retire del horno y enfríe un poco antes de retirar de la bandeja para hornear.

c) Para servir, corte los bollos por la mitad y rellénelos con una pequeña rebanada de pavo.

51. tortitas de patata con cebollino

Rendimiento: 6 porciones

Ingrediente

- 2 libras de papas Russet; pelado y en cubos
- 1 cebolla mediana; cortar en trozos
- 2 cucharadas de harina de matzá; o harina para todo uso
- 2 huevos; apartado
- 4 cucharadas de cebollín fresco; Cortado
- 2 cucharaditas de sal
- $\frac{1}{2}$ cucharadita de pimienta blanca
- ⅔ taza de aceite de maíz; para freír
- 6 onzas de salmón ahumado; en rodajas finas
- 3 onzas de caviar dorado

Direcciones

a) Triture las papas y la cebolla en un procesador de alimentos. Transfiera el contenido del tazón de trabajo a un tazón grande.

b) Coloca un colador grande sobre un tazón mediano. Coloca la mezcla de papa y cebolla en un colador y presiona firmemente para extraer los líquidos; líquidos de reserva.

c) Regresa la mezcla de papas a un tazón grande. Mezcle la harina de matzá, las yemas de huevo, 2 cucharadas de cebollín, sal y pimienta. Agregue la pasta a la masa de papas. Batir las claras hasta que esten duras pero no secas; doblar en masa.

d) Caliente 1/3 de taza de aceite en cada una de 2 sartenes grandes y pesadas a fuego medio-alto. Vierta 1 cucharada colmada de masa de papa por panqueque en aceite caliente; extienda cada uno a 3" de diámetro. Cocine los panqueques hasta que los fondos estén dorados.

52.   Budín de maíz y pavo ahumado

Rendimiento: 4 porciones

Ingrediente

- 2 cucharadas de mantequilla
- $\frac{1}{2}$ taza de cebollas en rodajas finas
- 1 taza de pimientos rojos en rodajas finas
- 1 cucharada de maicena disuelta en caldo de pollo
- 1 taza de crema ligera
- 4 huevos, separados
- 1 cucharadita de mostaza Dijon
- 2 tazas de granos de elote congelados descongelados
- 1 taza de pavo ahumado desmenuzado
- Sal y pimienta negra recién molida

Direcciones

1. Caliente la mantequilla en una sartén de 9 pulgadas. Cocine las cebollas y los pimientos hasta que estén suaves y las cebollas estén un poco doradas.

2. Cuando se enfríen, transfiéralos a un tazón y agregue maicena, crema, yemas de huevo y mostaza. Batir bien para mezclar.

3. Incorpore el maíz y el pavo a la mezcla de huevo. Condimentar con sal y pimienta. Bate las claras de huevo hasta que tengan picos rígidos pero no secos e incorpóralos a la mezcla de yema de huevo.

4. Transfiera a la fuente para hornear untada con mantequilla y hornee durante 35 a 40 minutos o hasta que esté dorado e hinchado.

5. Servir con una guarnición de tomates maduros en rodajas y vinagreta.

53. Tarta cremosa de salmón ahumado y eneldo

Rendimiento: 6 porciones

Ingrediente

- 5 hojas de filo - descongelado
- 3 cucharadas de mantequilla sin sal - derretida
- 4 yemas de huevo grandes
- 1 cucharada de mostaza Dijon - MÁS 1 cucharadita
- 3 huevos grandes
- 1 taza Mitad y mitad
- 1 taza de crema para batir
- 6 onzas de salmón ahumado, picado
- 4 cebollas verdes - picadas
- $\frac{1}{4}$ taza de eneldo

Direcciones

1. Unte con mantequilla generosamente un plato hondo para pay de 9½ pulgadas de diámetro. Coloque 1 hoja de masa filo en la superficie de trabajo. Unte la hoja de masa filo con mantequilla y dóblela por la mitad a lo largo.

2. Cepille la superficie doblada con mantequilla. Cortar por la mitad transversalmente. Coloque 1 rectángulo de hojaldre, con el lado enmantequillado hacia abajo, en un molde para pastel preparado. Cepille la parte superior del filo en un molde para pastel con mantequilla. Coloque el segundo rectángulo de hojaldre en un molde para pay, cubriendo el fondo y dejando que la masa sobresalga ½ pulgada sobre otra sección del borde; pincelar con mantequilla.

3. Precaliente el horno a 350F. Bate las yemas y la mostaza en un tazón mediano para mezclar. Batir los huevos, la mitad y la mitad, la crema, el salmón y las cebollas y el eneldo picado. Sazone al gusto con sal y pimienta. Vierta en la corteza preparada.

4. Hornee hasta que el centro esté firme, aproximadamente 50 minutos. Transferir al estante. Frio.

5. Adorne con ramitas de eneldo y sirva ligeramente tibio o a temperatura ambiente.

54. Latkes con salmón ahumado

Rendimiento: 1 porción

Ingrediente

- 2 libras de papas, peladas
- 1 huevo
- 2 cucharadas de harina
- $\frac{1}{2}$ cucharadita de sal
- Pimienta molida al gusto
- 2 onzas de salmón ahumado, picado
- 1 taza de cebolla verde, picada
- 3 cucharadas de aceite vegetal
- Latkes de salmón ahumado

Direcciones

1. Ralle las papas y, con las manos, exprima la mayor cantidad de jugo posible.

2. Coloque las papas en un tazón grande para mezclar, agregue la harina, sal y pimienta; revuelva bien.

3. Agregue salmón ahumado y cebollas verdes, revuelva para combinar

4. Vierta 1 cucharada. aceite en una fuente para horno grande a prueba de horno con lados poco profundos; esparce aceite por el fondo.

5. Vierta una cucharada grande de la mezcla de papas con $\frac{1}{2}$ pulgada de distancia en un plato engrasado, aplánelo ligeramente.

6. Hornee en el horno durante unos 8 minutos o hasta que los latkes estén dorados.

55. Panqueques De Avena Con Arce Y Canela

Ingredientes

- 1½ tazas de copos de avena a la antigua
- ½ taza de harina integral
- 1 cucharadita de canela molida
- 1 cucharadita de polvo de hornear
- 2 tazas de suero de leche bajo en grasa
- 2 cucharadas de jarabe de arce
- 1 huevo
- Spray para cocinar

Direcciones

1. En un tazón mediano, combine la avena, la harina, la canela y el polvo de hornear.

2. En un tazón grande, mezcle el suero de leche, el jarabe de arce y el huevo.

3. Agregue la mezcla seca a la mezcla húmeda en 2 o 3 adiciones, mezclando bien después de cada adición. Déjalo reposar de 10 a 15 minutos, hasta que la mezcla se vuelva burbujeante.

4. Rocíe una sartén antiadherente con aceite en aerosol y caliéntela a fuego medio. Vierta la masa en la sartén, aproximadamente $\frac{1}{4}$ de taza por cada panqueque, y cocine durante 2 a 3 minutos, hasta que aparezcan burbujas en la superficie. Voltee y continúe cocinando otros 1 a 2 minutos, hasta que cada panqueque esté dorado por el otro lado.

56. Frittata De Acelgas Y Quinoa

PARA 6

Ingrediente

- Spray para cocinar
- ⅓ taza de pan rallado sin sazonar
- 1 cucharada de aceite de oliva
- 1 cebolla mediana, picada
- 2 dientes de ajo, picados
- 1 libra de hojas de acelgas, sin el tallo central duro y las hojas cortadas en rodajas finas
- 1 cucharada de tomillo fresco picado
- ¼ de cucharadita de hojuelas de pimiento rojo
- 1 taza de quinua, cocida
- 1 taza de queso ricotta parcialmente descremado
- ¼ de cucharadita de pimienta recién molida
- 2 huevos, ligeramente batidos

Direcciones

1. Precaliente el horno a 350°F.

2. Rocíe una fuente para hornear de 8 por 8 pulgadas con aceite en aerosol y cúbrala con pan rallado.

3. Caliente el aceite en una sartén grande a fuego medio-alto. Agregue la cebolla y el ajo y cocine, revolviendo con frecuencia, hasta que se ablanden, aproximadamente 5 minutos.

4. Agregue las acelgas y cocine otros 3 a 4 minutos, revolviendo con frecuencia, hasta que las verduras se ablanden. Agregue el tomillo y las hojuelas de pimiento rojo.

5. Retire la sartén del fuego y transfiera la mezcla de acelgas a un tazón mediano.

6. Agregue la quinua cocida, el queso, la pimienta y los huevos a la mezcla de acelgas. Transfiera la mezcla a la fuente para hornear preparada y hornee en el horno durante aproximadamente 1 hora, hasta que los bordes comiencen a dorarse y el centro esté firme.

7. Deje que la frittata se enfríe durante unos minutos antes de cortarla en cuadrados. Servir tibio o a temperatura ambiente.

57. Huevos Picantes al Horno con Queso de Cabra

PARA 4 PERSONAS

Ingrediente

- Spray para cocinar
- 10 onzas de espinacas picadas congeladas, descongeladas y exprimidas
- 4 huevos
- ¼ taza de salsa gruesa
- ¼ taza de queso de cabra desmoronado
- Pimienta recién molida

Direcciones

1. Precaliente el horno a 325°F.

2. Rocíe cuatro moldes o moldes para flan de 6 onzas con aceite en aerosol.

3. Cubra el fondo de cada molde con espinacas, dividiéndolo en partes iguales. Haga una pequeña muesca en el centro de cada capa de espinacas.

4. Rompe un huevo encima de las espinacas en cada molde. Cubra cada huevo con 1 cucharada de salsa y 1 cucharada de queso de cabra. Espolvorear con pimienta.

5. Coloque los moldes en una bandeja para hornear y hornee en el horno durante unos 20 minutos, hasta que las claras estén completamente cuajadas, pero la yema aún esté un poco líquida. Servir inmediatamente.

60. Tortilla de champiñones al ajillo y queso

1 RACIONES

Ingrediente

- 2 huevos
- 1 cucharadita de agua
- Pimienta recién molida
- Spray para cocinar
- ½ cucharadita de ajo picado
- 4 onzas de champiñones cremini o botón rebanados
- 1 onza de queso suizo bajo en sodio rallado
- 1 cucharadita de perejil fresco picado

Direcciones

1. En un tazón pequeño, bata los huevos, el agua y la pimienta al gusto hasta que estén bien combinados.

2. Rocíe una sartén antiadherente pequeña con aceite en aerosol y caliéntela a fuego medio. Agregue el ajo y los champiñones y cocine, revolviendo con frecuencia, hasta que los champiñones estén suaves, unos 5 minutos. Transfiera la mezcla de champiñones a un tazón.

3. Rocíe la sartén nuevamente con aceite en aerosol, si es necesario, y colóquela a fuego medio. Agrega los huevos y cocínalos hasta que los bordes comiencen a cuajar. Con una espátula, empuja el huevo cuajado desde los bordes hacia el centro. Incline la sartén, permitiendo que el huevo crudo se

extienda por el exterior del huevo puesto. Cocine hasta que la tortilla esté casi lista.

4. Coloque los champiñones cocidos en la tortilla en una línea por el centro. Cubra con el queso y la mitad del perejil.

5. Dobla un lado de la tortilla sobre la parte superior del otro lado. Deja que se cocine durante 1 minuto más o menos para derretir el queso.

6. Deslice la tortilla en un plato y sirva inmediatamente, adornada con el perejil restante.

61. Lunas masticables de manzana

Rendimiento: 18 porciones

Ingrediente

- ¾ taza de jugo de manzana -- concentrado
- ½ taza de manzanas secas
- 2 huevos
- ¼ taza de mantequilla, derretida y enfriada
- 1 cucharadita de vainilla
- 1¼ taza de harina
- ½ cucharadita de polvo de hornear
- ½ cucharadita de canela -- molida
- ¼ de cucharadita de sal
- ⅛ cucharadita de nuez moscada -- molida

Direcciones

1. Picar la fruta. Combine el concentrado de jugo de manzana y las manzanas; dejar reposar 10 minutos.
2. Precaliente el horno a 350. Bata los huevos en un tazón mediano. Mezcle la mezcla concentrada, la mantequilla y la vainilla. Agregue los ingredientes restantes y mezcle bien. Deje caer cucharadas de masa de 2" sobre bandejas para hornear engrasadas.
3. Hornee de 10 a 12 minutos, hasta que esté firme y dorado.

62. Bizcocho para diabéticos y bajo en sodio

Rendimiento: 4 porciones

Ingrediente

- 1½ taza de manteca vegetal
- 2¾ taza de azúcar
- 9 huevos
- 1 limón; jugo de
- 1 cucharadita de vainilla
- 2 tazas de harina de pastel tamizada

Direcciones

1. Caliente el horno a 300 grados. Engrasa y enharina un molde tubular de 10 pulgadas.

2. Crema de manteca vegetal hasta que quede suave. Añadir poco a poco el azúcar y la nata bien.

3. Agregue los huevos uno a la vez, batiendo bien después de cada uno. Agregue el jugo de limón y la vainilla. Tamizar la harina de pastel y agregar a la mezcla.

4. Vierta la mezcla en el molde para tubos. Hornee durante 1½ horas o hasta que las pruebas estén listas.

63. Helado de azúcar moreno y nuez pecana

8 RACIONES

Ingrediente

- 1 cucharada de agua
- 1½ cucharaditas de gelatina en polvo sin sabor
- 2½ tazas de leche baja en grasa
- ¾ taza de azúcar morena oscura envasada
- ½ cucharadita de canela molida
- 3 yemas de huevo
- 1 lata (12 onzas) de leche evaporada sin grasa
- 1 cucharadita de extracto de vainilla
- ½ taza de nueces picadas

Direcciones

1. En una cacerola grande, caliente 1½ tazas de leche a fuego medio. Cuando la leche esté caliente, agregue el azúcar moreno y la canela, y continúe calentando.

2. En un tazón mediano, mezcle las yemas de huevo y la leche evaporada. Agregue la mezcla de leche caliente a la mezcla de huevo en un chorro delgado, batiendo constantemente, hasta que esté bien combinado.

3. Transfiera la mezcla nuevamente a la cacerola y caliente a fuego medio, revolviendo constantemente, hasta que la mezcla comience a espesar, aproximadamente 5 minutos.

4. Cuele la mezcla a través de un colador de malla fina en un tazón y mezcle la gelatina y la mezcla de agua.

5. Agregue la 1 taza de leche restante y el extracto de vainilla, cubra y enfríe en el refrigerador durante al menos 2 horas o toda la noche.

6. Revuelve la mezcla, transfiérela a una máquina para hacer helados y congélala de acuerdo con las instrucciones del fabricante. Cuando la mezcla esté casi congelada, agregue las nueces.

64. Pastel de capas de merengue de limón

Ingrediente

Para el pastel:
- Spray para cocinar
- Harina todo uso, para espolvorear
- 4 huevos, a temperatura ambiente
- ⅔ taza de azúcar
- 1 cucharadita de extracto de vainilla
- 1 cucharadita de ralladura de limón
- 3 cucharadas de aceite de canola
- ¾ taza de harina para pastel

Para el llenado:
- 1 lata de leche condensada azucarada sin grasa
- 1 cucharadita de ralladura de limón
- ⅓ taza de jugo de limón fresco

Para la cobertura:
- 2 claras de huevo, a temperatura ambiente
- ¼ de cucharadita de cremor tártaro
- ¼ de taza) de azúcar
- ¼ de cucharadita de extracto de vainilla

Direcciones

Para hacer el pastel:

1. En un tazón grande, combine los huevos y el azúcar y bata con una batidora eléctrica a velocidad media-alta hasta que quede esponjoso y de color amarillo pálido, de 8 a 10 minutos. Agrega la vainilla y la ralladura de limón.

2. Usando una espátula de goma, agregue suavemente el aceite.

3. Agregue la harina hasta que se incorpore.

4. Transfiera la masa a los moldes para hornear preparados, dividiéndola uniformemente.

5. Hornee los pasteles durante 20 a 22 minutos, hasta que un palillo insertado en el centro salga limpio.

6. Coloque los moldes sobre una rejilla para que se enfríen durante 10 minutos, luego gire los pasteles sobre la rejilla y enfríe completamente.

65. Pastel de crema de chocolate

8 RACIONES
Ingrediente

Para la corteza:
- 1¼ tazas de migas de galleta de chocolate
- 3 cucharadas de mantequilla sin sal, derretida

Para el llenado:
- ¾ taza de azúcar
- ¼ taza de maicena
- ¼ taza de cacao en polvo sin azúcar
- 1¾ tazas de leche baja en grasa o leche de coco light
- 1 huevo
- 4 onzas de chocolate amargo, finamente picado
- Cobertura batida no láctea y sin grasa, para servir

Direcciones

1. En una cacerola grande a fuego medio, mezcle el azúcar, la maicena y el cacao. Agregue la leche y el huevo y continúe batiendo hasta que quede suave.

2. Cocine, revolviendo constantemente, hasta que la mezcla burbujee y espese, aproximadamente 5 minutos.

3. Retire la mezcla del fuego y agregue el chocolate, revolviendo hasta que se derrita e incorpore por completo.

4. Vierta el relleno en la corteza preparada, cubra con una envoltura de plástico, presione el plástico sobre la superficie del relleno y enfríe hasta que cuaje, al menos 4 horas.

5. Sirva frío, cubierto con frutas o cobertura batida, si lo desea.

66. Biscotti de cereza y almendras

HACE 18 BISCOTI

Ingrediente

- 1 taza de harina para todo uso
- 1 taza de harina integral
- ½ cucharadita de levadura en polvo
- ½ cucharadita de bicarbonato de sodio
- ¼ taza de mantequilla sin sal
- ½ taza de azúcar granulada
- ¼ taza de azúcar moreno
- 2 huevos
- 1 cucharada de extracto de vainilla
- 3 onzas de almendras
- 2 onzas de cerezas secas, picadas

Direcciones

1. En un tazón mediano, mezcle las harinas, el polvo de hornear y el bicarbonato de sodio.

2. En un tazón grande, con una batidora eléctrica, mezcle la mantequilla y los azúcares hasta que quede cremoso. Agregue los huevos, uno a la vez.

3. Agrega la vainilla y los ingredientes secos y bate hasta que estén bien combinados. Agregue las almendras y las cerezas secas.

4. Divida la masa en 2 porciones iguales. En la bandeja para hornear preparada, forme la masa en dos panes de 3 por 8 pulgadas.

5. Hornea los panes hasta que estén dorados, de 30 a 35 minutos.

6. Corta los panes en un ángulo de 45 grados en rebanadas de 1 pulgada de ancho.

7. Regrese las rebanadas a la bandeja para hornear, colocándolas sobre sus bordes sin cortar. Hornea los biscotti hasta que estén muy secos y ligeramente dorados, unos 25 minutos.

67. Galletas de avena y chispas de chocolate

Ingrediente

- ½ taza de harina para todo uso
- ½ taza de harina integral
- ¾ taza de copos de avena de cocción rápida a la antigua
- ½ cucharadita de levadura en polvo
- ⅓ cucharadita de bicarbonato de sodio
- ¾ taza de azúcar moreno claro
- ⅓ taza de aceite de canola
- 1 huevo
- 1 cucharadita de extracto de vainilla
- ⅓ taza de chispas de chocolate amargo

Direcciones

1. Precaliente el horno a 350°F.

2. Cubra una bandeja para hornear grande con papel pergamino.

3. En un tazón mediano, combine las harinas, la avena, el polvo de hornear y el bicarbonato de sodio.

4. Usando una batidora eléctrica, en un tazón grande, mezcle el azúcar y el aceite.

5. Agrega el huevo y la vainilla y bate para combinar.

6. Agregue la mezcla seca a la mezcla húmeda y bata para combinar.

7. Dobla las chispas de chocolate.

8. Deje caer la masa para galletas en la bandeja para hornear con cucharadas redondas.

9. Hornea las galletas hasta que estén doradas, unos 25 minutos. Transfiera las galletas a una rejilla para que se enfríen.

68. Pastel de pan de maíz bajo en sodio

Ingrediente

- 1 libra de carne molida, magra
- 1 de cada cebolla grande, picada
- 1 de cada Sopa de tomate simulada
- Sal y ¾ de cucharadita de pimienta negra
- 1 cucharada de chile en polvo
- 12 onzas de maíz en grano congelado
- ½ taza de pimiento verde picado
- ¾ taza de harina de maíz
- 1 cucharada de azúcar
- 1 cucharada de harina para todo uso
- 1½ cucharadita de polvo de hornear
- 2 claras de huevo, bien batidas
- ½ taza de leche al 2%
- 1 cucharada de gotas de tocino

Direcciones

1. Pastel de pan de maíz: combine en una sartén la carne molida y la cebolla picada.

2. Dorar bien. Agregue la sopa de tomate, el agua, la pimienta, el chile en polvo, el maíz y el pimiento verde picado. Mezclar bien y dejar cocer a fuego lento durante 15 minutos. Convertir en una cacerola engrasada. Cubra con pan de maíz (abajo) y hornee en un horno moderado (350 ~ F) durante 20 minutos.

3. Cobertura de pan de maíz: tamice la harina de maíz, el azúcar, la harina y el polvo de hornear. Agregue el huevo bien batido, la leche y la grasa del tocino. Gire sobre la mezcla de carne.

69. Pastel soufflé de chocolate

Rendimiento: 8 porciones

Ingrediente

- aceite vegetal antiadherente
- Rociar
- 14 cucharadas de azúcar
- ⅔ taza de nueces, tostadas
- ½ taza de cacao en polvo sin azúcar
- 3 cucharadas de aceite vegetal
- 8 claras de huevo grandes
- 1 pizca de sal
- Azúcar en polvo

Direcciones

1. Unte la sartén y el papel con aceite vegetal en aerosol. Espolvorea la sartén con 2 cucharadas de azúcar. Moler finamente las nueces con 2 cucharadas de azúcar en el procesador. Transfiera la mezcla de nueces a un tazón grande. Mezcle 10 cucharadas de azúcar y cacao, luego aceite.

2. Usando una batidora eléctrica, bata las claras de huevo y la sal en un tazón grande hasta que se formen picos suaves. Incorpore las claras a la mezcla de cacao.

3. Coloca la masa en el molde preparado; parte superior lisa.

4. Hornee hasta que la torta se infle y el probador insertado en el centro salga con migas húmedas adheridas, aproximadamente 30 minutos.

70. tacos de desayuno

Ingrediente

- 1 cucharadita de comino molido
- 1 lata (15 onzas) de frijoles rosados sin sal añadida
- 4 cebolletas, en rodajas
- 1 pimiento rojo pequeño, cortado en tiras finas
- ½ taza de caldo de pollo bajo en sodio
- 2 dientes de ajo, picados
- 4 huevos
- 4 cucharadas de yogur sin grasa
- 4 cucharadas de salsa
- 8 tortillas de maíz (6"), tostadas

Direcciones

a) Caliente una sartén antiadherente de 10 " a fuego medio-alto. Agregue el comino y cocine, revolviendo ocasionalmente, durante unos 30 segundos, o hasta que esté fragante. Agregue los frijoles, las cebolletas, el pimiento, el caldo y el ajo. Llevar a ebullición, luego reducir el fuego para que la mezcla hierva a fuego lento. Cocine por 8 minutos.

b) Use el dorso de la cuchara para hacer cuatro muescas en los frijoles. rompa cada huevo en una taza de flan y vierta en cada hendidura. Tape y cocine por unos 8 minutos.

c) Saque cada porción de la mezcla de frijoles cubiertos con huevo en un plato. Espolvorea las aceitunas sobre y alrededor de los frijoles. Cubra cada porción con 1 cucharada de yogur y 1 cucharada de salsa.

71. Hachís a la Barbacoa

Ingrediente

- 3 batatas, peladas y picadas
- 1 paquete (8 onzas) de tempeh, picado
- 1 cebolla, finamente picada
- 1 pimiento rojo, finamente picado
- 1 cucharada de salsa barbacoa comprada en la tienda
- 1 cucharadita de condimento cajún
- ¼ taza de perejil fresco picado
- 4 huevos Salsa picante (opcional)

Direcciones

a) Caliente 3 cucharadas de aceite en una sartén grande antiadherente a fuego medio-alto. Agregue las batatas y el tempeh y cocine, revolviendo ocasionalmente, durante 5 minutos o hasta que la mezcla comience a dorarse. Reduzca el fuego a medio.

b) Agregue la cebolla y el pimiento y cocine por 12 minutos más, revolviendo con más frecuencia al final del tiempo de cocción, hasta que el tempeh se dore y las papas estén tiernas.

c) Agregue la salsa barbacoa, el condimento cajún y el perejil. Mezcle para combinar, luego divida entre 4 platos para servir.

d) Limpie la sartén con una toalla de papel. Reduzca el fuego a medio-bajo y agregue la 1 cucharada de aceite restante. Rompa los huevos en la sartén y cocine al punto de cocción deseado.

e) Deslice un huevo encima de cada porción de picadillo y sirva de inmediato. Pase la salsa picante, si lo desea, en la mesa.

72. Frittata de aceitunas y hierbas

Ingrediente

- 1 cucharadita de aceite de oliva, preferiblemente virgen extra
- 3/4 taza de pimiento rojo picado
- 3/4 taza de pimiento verde picado
- 3/4 taza (3 onzas) de queso Monterey Jack bajo en grasa rallado
- 2 cucharadas de albahaca fresca picada
- 5 huevos + 2 claras de huevo, ligeramente batidos
- $\frac{1}{4}$ de cucharadita de sal Pimienta negra molida

Direcciones

a) Precaliente el horno a 375°F. Cubra una sartén resistente al horno de 9" con aceite vegetal en aerosol. Coloque a fuego medio-alto. Agrega el aceite. Caliente durante 30 segundos. Agregue los pimientos. Cocine, revolviendo ocasionalmente, durante unos 5 minutos, o hasta que esté suave. Espolvorea el queso y la albahaca en la sartén. Agregue los huevos, las claras de huevo, las aceitunas, la sal y la pimienta.

b) Hornee durante unos 30 minutos, o hasta que los huevos estén listos. Deje reposar para que se enfríe un poco. Cortar en gajos.

73. Tortilla de esparragos

Ingredientes

- ½ libra de espárragos, cortados en trozos de 1"
- ¼ de cebolla, finamente picada
- 4 huevos
- 2 claras de huevo
- 2 cucharadas de agua fría
- 2 cucharaditas de ralladura de naranja recién rallada
- ¼ de cucharadita de sal Pimienta negra recién molida

Direcciones

a) Precaliente el horno a 350°F. Caliente una sartén antiadherente para horno de 10" a fuego medio durante 1 minuto. Añade el aceite y calienta durante 30 segundos. Agregue los espárragos y la cebolla. Cocine, revolviendo, durante unos 2 minutos, o hasta que los espárragos estén de color verde brillante.

b) Mientras tanto, bata los huevos, las claras de huevo, el agua, la ralladura de naranja y la sal. Vierta en la sartén y cocine por 2 minutos, o hasta que comience a cuajar en el fondo. Use una espátula de silicona para levantar los bordes establecidos y permita que la mezcla sin cocer corra por debajo. Sazone bien con la pimienta.

c) Transfiera al horno y hornee por 6 minutos. Use la espátula para levantar el borde de la mezcla de huevo e incline la sartén para permitir que el huevo crudo y el aceite corran por debajo. Hornee durante unos 6 minutos más, o hasta que esté hinchado y dorado.

74. Tostada De Fresas Y Almendras

Ingredientes

- 1 huevo
- ¼ taza de leche sin grasa
- ¼ de cucharadita de canela molida
- 1 rebanada de pan integral
- 1 cucharadita de margarina
- ½ taza de fresas en rodajas

Direcciones

a) Bate el huevo en un recipiente hondo con la leche y la canela. Sumerge ambos lados del pan en la mezcla de huevo.

b) Derrita la margarina en una sartén antiadherente a fuego medio. Cocine el pan durante aproximadamente 2 a 3 minutos por lado, o hasta que esté dorado. Cortar por la mitad en diagonal. Coloque la mitad en un plato. Cubra con la mitad de las fresas y las almendras.

c) Cubra con la otra mitad de pan tostado y las fresas y almendras restantes.

75. Panqueques con chispas de chocolate

Ingredientes

- 2/3 taza de harina de trigo integral
- 2/3 taza de harina para todo uso sin blanquear
- 1/3 taza de harina de maíz
- 1 cucharada de levadura en polvo
- ½ cucharadita de bicarbonato de sodio
- 2 tazas de yogur de vainilla sin grasa
- 3/4 taza de sustituto de huevo sin grasa
- 2 cucharadas de aceite de canola
- 3/4 taza de cobertura batida no láctea

Direcciones

a) Combine las harinas, la harina de maíz, el polvo de hornear y el bicarbonato de sodio en un tazón grande. Agregue el yogur, el sustituto de huevo, las chispas de chocolate y el aceite.

b) Cubra una sartén antiadherente grande con aceite en aerosol y caliente a fuego medio.

c) Para cada panqueque, coloque 2 cucharadas de la masa en la sartén. Cocine los panqueques durante 2 minutos, o hasta que aparezcan burbujas en la superficie y los bordes estén firmes. Voltee y cocine hasta que esté ligeramente dorado, aproximadamente 2 minutos más. Repita con la masa restante.

d) Cubra cada panqueque con 1 cucharadita de cobertura batida.

76. Waffles De Chocolate Y Nueces

Ingredientes

- 1½ tazas de harina integral para repostería
- ½ taza de cacao en polvo sin azúcar
- 2 cucharaditas de polvo de hornear
- ¼ de cucharadita de bicarbonato de sodio
- 1 taza de leche al 1%
- ½ taza de azúcar morena envasada
- 2 cucharaditas de espresso en polvo
- 3 cucharadas de aceite de oliva ligero
- 3 claras de huevo
- 1/8 cucharadita de sal
- 3 cucharadas de jarabe de arce

Direcciones

a) Batir la harina, el cacao en polvo, el polvo de hornear y el bicarbonato de sodio en un tazón grande hasta que se mezclen. Haga un pozo en el centro de la mezcla de harina y agregue la leche, el azúcar, el polvo de espresso y el aceite. Bate los ingredientes hasta que se mezclen.

b) Precaliente una plancha para gofres durante 4 minutos, o según las instrucciones del fabricante. Dobla las claras en la masa de chocolate en 3 adiciones, doblando solo hasta que la mezcla se combine.

c) Cubra las parrillas para waffles calentadas con aceite en aerosol justo antes de usarlas. Agregue suficiente masa para cubrir casi las rejillas de waffles (2/3 de taza) y cocine durante 3 a 4 minutos.

77. Barras de granola y cerezas secas

Ingredientes

- 1½ tazas de avena simple seca
- 1 cucharada de harina para todo uso
- 2/3 taza de cerezas secas picadas sin azúcar
- 2 huevos
- 1 taza de azúcar morena clara empaquetada
- 1 cucharada de aceite de canola
- 1 cucharadita de canela molida
- ¼ cucharadita de sal
- 1 cucharadita de extracto de vainilla

Direcciones

a) Coloque 1 taza de anacardos y ½ taza de avena en una bandeja para hornear grande con lados. Hornee por 10 minutos, o hasta que estén tostados, revolviendo una vez. Dejar de lado.

b) Coloque la harina y la taza de avena restante y la ½ taza de anacardos en un procesador de alimentos equipado con una hoja de metal. Procese hasta que quede suave. Transfiera a un tazón mediano y combine con las cerezas y los anacardos y la avena reservados.

c) Batir los huevos, el azúcar moreno, el aceite, la canela, la sal y la vainilla en un tazón grande. Agregue la mezcla de avena y anacardos hasta que esté bien mezclado. Extender en el molde preparado.

d) Hornea durante 30 minutos, o hasta que estén doradas.

78. Muffins De Frutas Y Nueces

Ingredientes

- 1 3/4 tazas de harina integral para repostería
- 1½ cucharaditas de polvo de hornear
- 1½ cucharaditas de canela molida
- ½ cucharadita de bicarbonato de sodio
- ¼ cucharadita de sal
- 1 taza de yogur de vainilla sin grasa
- ½ taza de azúcar moreno
- 1 huevo
- 2 cucharadas de aceite de canola
- 1 cucharadita de extracto de vainilla
- ½ taza de piña triturada en jugo, escurrida
- 1/3 taza de grosellas o pasas
- ¼ taza de zanahorias ralladas

Direcciones

a) Precaliente el horno a 400°F.

b) Combine la harina, el polvo de hornear, la canela, el bicarbonato de sodio y la sal en un tazón grande. Combine el yogur, el azúcar moreno, el huevo, el aceite y la vainilla en un tazón mediano. Revuelva la mezcla de yogur en la mezcla de harina hasta que se mezclen.

c) Agregue las nueces, la piña, las grosellas o pasas y las zanahorias.

d) Divida la masa de manera uniforme entre 12 moldes para muffins.

e) Hornee por 20 minutos.

79. Barritas dobles de calabaza

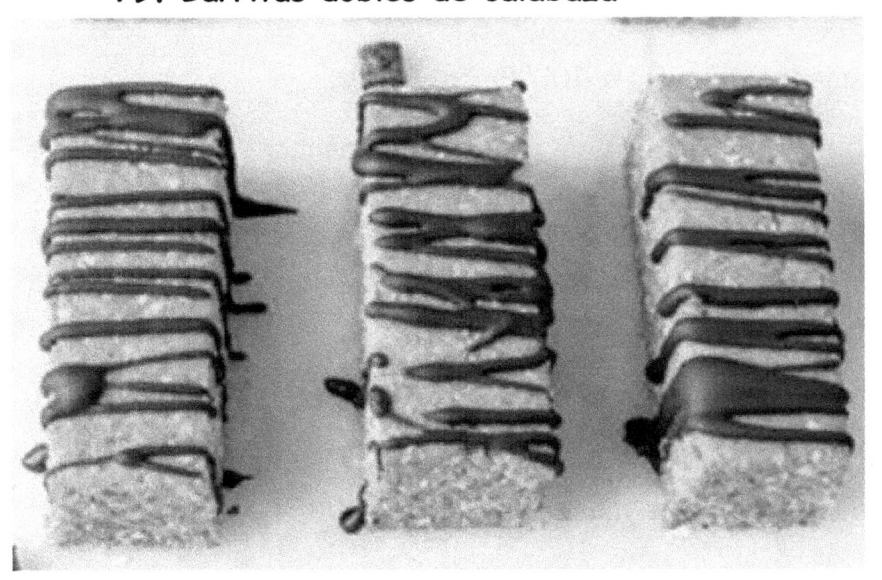

Ingredientes

- 1 taza de calabaza enlatada en paquete sólido
- 1 taza de zanahoria rallada
- ½ taza de azúcar
- 1/3 taza de arándanos o pasas secas
- ¼ taza de aceite de canola
- 2 huevos grandes
- 1 taza de harina de repostería integral
- 1 cucharadita de polvo de hornear
- 1 cucharadita de canela molida
- ½ cucharadita de bicarbonato de sodio
- ¼ cucharadita de sal

Direcciones

a) Mida 1 taza de semillas de calabaza en una licuadora o procesador de alimentos y procese hasta que estén finamente molidas. Dejar de lado. Picar en trozos grandes las semillas restantes y reservar.

b) Combine la calabaza, la zanahoria, el azúcar, los arándanos o las pasas, el aceite y los huevos en un tazón grande y revuelva hasta que estén bien mezclados. Agregue la harina, las semillas de calabaza molidas, el polvo de hornear, la canela, el bicarbonato de sodio y la sal. Mezcle hasta que se mezclen.

c) Vierta la masa en el molde preparado y distribuya uniformemente. Espolvorear con las semillas de calabaza picadas reservadas. Hornee durante 22 a 25 minutos, o hasta que la parte superior salte hacia atrás cuando se presiona ligeramente. Enfríe completamente en la sartén sobre una rejilla antes de cortar en 12 barras.

80. masa de pizza de huevo

Ingredientes-

- 3 huevos
- 1/2 taza de harina de coco
- 1 taza de leche de coco
- 1 diente de ajo machacado

Direcciones

a) Mezclar y hacer una tortilla.

b) Atender

81. Tortilla con verduras

Sirve 1

Ingredientes

- 2 huevos grandes
- Sal
- GRAMOpimienta negra redonda
- 1 cucharaditasaceitunapetróleo ocominopetróleo
- 1taza de espinacas, tomates cherry y 1 cucharada de queso yogurt
- Copos de pimiento rojo triturado y una pizca de eneldo

Direcciones

a) Bate 2 huevos grandes en un tazón pequeño. Sazone con sal y pimienta negra molida y reserve. Caliente 1 cucharadita de aceite de oliva en una sartén mediana a fuego medio.

b) Agregue las espinacas tiernas, los tomates, el queso y cocine, revolviendo, hasta que se ablanden (aproximadamente 1 minuto).

c) Agrega los huevos; cocine, revolviendo ocasionalmente, hasta que esté listo, aproximadamente 1 minuto. Agrega el queso.

d) Espolvorear con hojuelas de pimiento rojo triturado y eneldo.

82. Magdalenas De Huevo

Ingredientes

Porción: 8 muffins

- 8 huevos
- 1 taza de pimiento verde cortado en cubitos
- 1 taza de cebolla picada
- 1 taza de espinacas
- 1/4 cucharaditas de sal
- 1/8 cucharaditas de pimienta negra molida
- 2 cucharadas de agua

Direcciones

a) Caliente el horno a 350 grados F. Engrase 8 moldes para muffins.

b) Batir los huevos juntos.

c) Mezcle el pimiento, la espinaca, la cebolla, la sal, la pimienta negra y el agua. Vierta la mezcla en moldes para muffins.

d) Hornee en el horno hasta que los panecillos estén hechos en el medio.

83. Huevos Revueltos De Salmón Ahumado

Ingredientes

- 1 cucharaditas Cocopetróleo
- 4 huevos
- 1 cucharada de agua
- 4 onzas. salmón ahumado, en rodajas
- 1/2 aguacate
- pimienta negra molida, al gusto
- 4 cebollines, picados (o use 1 cebolla verde, en rodajas finas)

Direcciones

a) Caliente una sartén a fuego medio.

b) Agregue aceite de coco a la sartén cuando esté caliente.

c) Mientras tanto, huevos revueltos. Agregue los huevos a la sartén caliente, junto con el salmón ahumado. Revolviendo continuamente, cocine los huevos hasta que estén suaves y esponjosos.

d) Retírelo del calor. Cubra con aguacate, pimienta negra y cebollín para servir.

84. Bistec y huevos

Sirve 2

Ingredientes-

- 1/2 libra de bistec de res o lomo de cerdo deshuesado
- 1/4 cucharaditas de pimienta negra molida
- 1/4 cucharaditas de sal marina (opcional)
- 2 cucharaditasCocopetróleo
- 1/4 cebolla, picada
- 1 pimiento rojo, cortado en cubitos
- 1 puñado de espinacas o rúcula
- 2 huevos

Direcciones

a) Sazone el bistec en rodajas o el lomo de cerdo con sal marina y pimienta negra. Caliente una sartén a fuego alto. Agregue 1 cucharadita de aceite de coco, las cebollas y la carne cuando la sartén esté caliente y saltee hasta que el bistec esté ligeramente cocido.

b) Agregue las espinacas y el pimiento rojo, y cocine hasta que el bistec esté hecho a su gusto. Mientras tanto, caliente una sartén pequeña a fuego medio. Agrega el aceite de coco restante y fríe dos huevos.

c) Cubra cada bistec con un huevo frito para servir.

85. huevo horneado

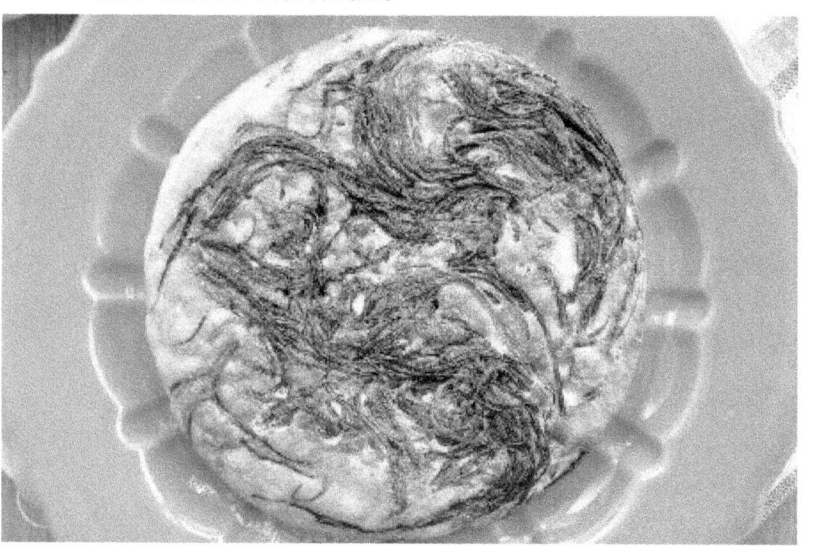

Ingredientes-

Para 6

- 2 tazas de pimientos rojos picados o espinacas
- 1 taza de calabacín
- 2 cucharadas Cocopetróleo
- 1 taza de champiñones rebanados
- 1/2 taza de cebollas verdes en rodajas
- 8 huevos
- 1 taza de leche de coco
- 1/2 taza almendra harina
- 2 cucharadas de perejil fresco picado
- 1/2 cucharaditas de albahaca seca
- 1/2 cucharaditas de sal
- 1/4 cucharaditas de pimienta negra molida

Direcciones

a) Precaliente el horno a 350 grados F. Ponga aceite de coco en una sartén. Caliéntalo a fuego medio. Agregue los champiñones, las cebollas, el calabacín y el pimiento rojo (o las espinacas) hasta que las verduras estén tiernas, unos 5 minutos. Escurra las verduras y extiéndalas sobre la fuente para hornear.

b) Batir los huevos en un bol con la leche, la harina, el perejil, la albahaca, la sal y la pimienta. Vierta la mezcla de huevo en una fuente para hornear.

c) Hornee en horno precalentado hasta que el centro esté firme (aprox. 35 a 40 minutos).

86. Frittata

6 porciones

Ingredientes

- 2 cucharadas aceituna petróleo opalta petróleo
- 1 Calabacín, en rodajas
- 1 taza de espinacas frescas desgarradas
- 2 cucharadas de cebollas verdes en rodajas
- 1 cucharadita de ajo machacado, sal y pimienta para probar
- 1/3 taza de leche de coco
- 6 huevos

Direcciones

a) Caliente el aceite de oliva en una sartén a fuego medio. Agregue los calabacines y cocine hasta que estén tiernos. Mezcle las espinacas, las cebollas verdes y el ajo. Condimentar con sal y pimienta. Continúe cocinando hasta que la espinaca se ablande.

b) En un recipiente aparte, bata los huevos y la leche de coco. Vierta en la sartén sobre las verduras. Reduzca el fuego a bajo, cubra y cocine hasta que los huevos estén firmes (5 a 7 minutos).

87. Naan / Panqueques / Crepes

Ingredientes

- 1/2 tazaalmendraharina
- 1/2 taza de harina de tapioca
- 1 taza de leche de coco
- Sal
- Cocopetróleo

Direcciones

a) Mezcla todos los ingredientes juntos.

b) Caliente una sartén a fuego medio y vierta la masa al espesor deseado. Una vez que la masa se vea firme, voltéala para cocinar el otro lado.

c) Si quieres que sea un crepe o un panqueque de postre, omite la sal. Puede agregar ajo picado o jengibre en la masa si lo desea, o algunas especias.

88. Panqueques de zucchini

3 porciones

Ingredientes

- 2 calabacines medianos
- 2 cucharadas de cebolla picada
- 3huevos batidos
- 6 a 8 cucharadasalmendraharina
- 1 cucharadita de sal
- 1/2 cucharaditas de pimienta negra molida
- Cocopetróleo

Direcciones

a) Caliente el horno a 300 grados F.

b) Ralla los calabacines en un tazón y agrega la cebolla y los huevos. Agregue 6 cucharadas de harina, sal y pimienta.

c) Caliente una sartén grande a fuego medio y agregue aceite de coco en la sartén. Cuando el aceite esté caliente, baja el fuego a medio-bajo y añade la masa a la sartén. Cocine los panqueques unos 2 minutos por cada lado, hasta que se doren. Coloque los panqueques en el horno.

89. Quiche

Sirve 2-3

Ingredientes

- 1 masa de tarta salada precocinada y enfriada
- 8 onzas de espinacas orgánicas, cocidas y escurridas
- 6 onzas de carne de cerdo en cubos
- 2 chalotes medianos, en rodajas finas y salteados
- 4 huevos grandes
- 1 taza de leche de coco
- 3/4 cucharaditas de sal
- 1/4 cucharaditas de pimienta negra recién molida

Direcciones

a) Dore la carne de cerdo en aceite de coco y luego agregue las espinacas y los chalotes. Reservar una vez hecho.

b) Precaliente el horno a 350F. En un tazón grande, combine los huevos, la leche, la sal y la pimienta. Batir hasta que esté espumoso. Agregue aproximadamente 3/4 de la mezcla de relleno escurrida, reservando el otro 1/4 para "superar" el quiche. Vierta la mezcla de huevo en la corteza y coloque el relleno restante encima del quiche.

c) Coloque el quiche en el horno en el centro de la rejilla del medio y hornee sin molestias durante 45 a 50 minutos.

90. Bolas de salchicha de desayuno

Rendimiento: 12 porciones

Ingrediente

- 2 cucharadas de jugo de naranja, concentrado congelado
- 2 cucharadas de jarabe de arce
- Pan de 4 gajos
- 1 huevo, ligeramente licuado
- ½ libra de salchichas suaves a granel
- ½ taza de pecanas asadas en cubitos
- 2 cucharadas de hojuelas de perejil

Direcciones

a) Rompa el pan en jugo de naranja y jarabe de arce. Agregue el huevo y mezcle bien.

b) Mezcle los ingredientes restantes. Haga pequeñas bolas de salchicha de aproximadamente 1 pulgada de diámetro o en hamburguesas. Freír lentamente en una plancha o plancha a fuego moderado hasta que dore. Puede servirse como aperitivo o como acompañamiento de macarrones en una cena familiar. Se puede preparar con anticipación y congelar después de cocinar.

c) Vuelva a calentar en una parrilla caliente antes de servir.

91. Sándwiches de salchicha para el desayuno

Rendimiento: 1 porción

Ingrediente

- mantequilla ablandada o margarina
- Pan de 8 gajos
- 1 libra de salchicha de cerdo, cocida
- Desmenuzado y escurrido
- 1 taza (aproximadamente
- 4 onzas) de queso cheddar rallado
- 2 huevos, licuados
- 1½ taza de leche
- 1½ cucharadita de mostaza

Direcciones

a) Unte mantequilla en un lado de cada segmento de pan.

b) Coloque 4 segmentos, con el lado enmantequillado hacia abajo, en una sola capa en una fuente para hornear cuadrada de 8 pulgadas ligeramente engrasada.

c) cubra cada segmento de pan con la salchicha y los segmentos de pan restantes, con el lado enmantequillado hacia arriba. Espolvorear con queso.

d) Mezcla los ingredientes restantes; chorro sobre sándwiches. cubra con una tapa y refrigere por lo menos 8 horas.

92. flan de chile asado

Rendimiento: 4 porciones

Ingrediente

- 2 huevos grandes
- 2 yemas de huevo grandes
- ⅓ taza de azúcar moreno
- 2 cucharadas de azúcar moreno
- ¼ de cucharadita de sal
- 2 tazas de crema espesa
- ¼ cucharadita de vainilla
- 2 cucharaditas de chile de árbol, tostado en polvo

Direcciones

a) Caliente la parrilla a 300 grados. Bate el huevo, las yemas de huevo, 1/3 taza de azúcar moreno y la sal en un plato no reactivo hasta que se mezclen.

b) Escalde la crema y la vainilla en una cacerola a fuego moderado; Sacar del fuego; mezcle rápidamente la mezcla fraccionada con huevo hasta que quede suave; agregue de nuevo a la crema en la cacerola; traer de vuelta justo debajo de unas capas de natillas a fuego lento en la parte posterior de una cuchara; Sacar del fuego.

c) vierta las natillas en 4 moldes de 4 onzas; colocar en la bandeja del hotel; plan de pan en la parrilla; llénalo con suficiente agua para llegar a 2/3 de los lados de los moldes; hornee hasta que cuaje (alrededor de 35 minutos); refrigerar 3 horas.

d) Servir; espolvorea cada flan con 1/4 de cucharadita de chile en polvo; arriba con azúcar moreno tamizado; Asa hasta que el azúcar se derrita, no se queme.

93. Sándwiches de salchicha para el desayuno

Rendimiento: 1 porción

Ingrediente

- mantequilla ablandada o margarina
- Pan de 8 gajos
- 1 libra de salchicha de cerdo, cocida
- 4 onzas de queso cheddar rallado
- 2 huevos, licuados
- 1½ taza de leche
- 1½ cucharadita de mostaza

Direcciones

a) Unte mantequilla en un lado de cada segmento de pan.

b) Coloque 4 segmentos, con el lado enmantequillado hacia abajo, en una sola capa en una fuente para hornear cuadrada de 8 pulgadas ligeramente engrasada.

c) cubra cada segmento de pan con la salchicha y los segmentos de pan restantes, con el lado enmantequillado hacia arriba. Espolvorear con queso.

d) Mezcla los ingredientes restantes; chorro sobre sándwiches. cubra con una tapa y refrigere por lo menos 8 horas

e) Sacar del refrigerador; dejar reposar 30 minutos.

94. panqueques alemanes

Rendimiento: 12 porciones

Ingrediente

- pollo a la parrilla a la pimienta roja
- 3 huevos grandes
- ⅓ taza de harina para todo uso
- ⅓ taza de leche
- ¼ de cucharadita de sal
- 1 cucharada de manteca vegetal; Derretido

Direcciones

a) Pollo Listo a la Pimienta Roja a la parrilla; refrigere hasta que esté listo para servir.

b) Caliente la parrilla a 450F. En un plato de tamaño moderado, con una batidora eléctrica a alta velocidad, mezcle los huevos hasta que estén espesos y esponjosos. Reduzca la velocidad de la batidora a baja y mezcle gradualmente la harina, la leche y la sal.

c) Coloque 2 moldes cada uno con seis moldes en forma de corazón de 2½ pulgadas o un molde para muffins con doce tazas de 2 ½ pulgadas en la parrilla durante 5 minutos para calentar. Saque las cacerolas de la parrilla; cepille las tazas con manteca derretida. Divida la masa entre las tazas y hornee de 10 a 12 minutos o más hasta que se hinche y se dore ligeramente.

d) Saque los panqueques de las tazas a la rejilla. Enfríe de 5 a 10 minutos o hasta que caigan los centros, dejando una pequeña hendidura. Coloque el pollo a la pimienta roja a la parrilla en el centro de los panqueques y colóquelo en un plato para servir. Servir inmediatamente. Si lo desea, los panqueques se pueden enfriar completamente antes de llenarlos y servirlos fríos.

e) De ½ taza de pimiento dulce asado en cubitos, reserve 2 cucharadas. Coloque el pimiento rojo restante en el procesador de alimentos equipado con una cuchilla para cortar en cubitos. Agregue 3 cucharadas de mayonesa, 1 cucharada de vinagre balsámico, ¼ de cucharadita de pimienta negra molida y ⅛ de cucharadita de sal; procese hasta que la mezcla se haga puré. Cambie a un plato de tamaño moderado y agregue 1 taza de pollo cocido en cubitos, 1 cebolla verde, finamente picada y reserve 2 cucharadas de pimiento rojo asado en cubitos.

f) Mezclar bien. Cubra con una tapa y refrigere hasta que esté listo para servir.

BEBIDAS DE HUEVO FRESCO

95. Coquito

Rendimiento: 1 Porciones

Ingrediente

- Ron puertorriqueño ligero de 13/16 cuartos
- Cáscara de 2 limas; (rallado)
- 6 yemas de huevo
- 1 lata de leche condensada dulce
- 2 latas (grandes) de leche evaporada
- 2 latas de crema de coco; (como Coco López)
- 6 onzas de ginebra

Direcciones

a) Mezcla la mitad del ron con la piel de lima en una batidora a alta velocidad durante 2 minutos. Colar y poner en un tazón grande. Agregue el resto del ron.

b) En la licuadora, mezcle las yemas de huevo, ambas leches y la ginebra hasta que estén bien mezclados.

c) Vierta $\frac{3}{4}$ de esta mezcla en un recipiente con ron. Mezclar el resto con la crema de coco y mezclar bien. agregue a la mezcla de ron, mezcle bien y refrigere.

96. Amaretto Sour Clásico

Rendimiento: 1 bebida

Ingredientes

- 1 ½ onzas (3 cucharadas) de amaretto
- ½ onza (1 cucharada) de whisky bourbon
- 1 onza (2 cucharadas) de jugo de limón
- 1 cucharadita de jarabe simple o jarabe de arce
- 1 clara de huevo
- 2 chorritos de amargo de angostura
- Para la guarnición: Cereza cóctel o cereza Luxardo, rodaja de limón

Direcciones

a) Agregue el amaretto, el bourbon, el jugo de limón, el almíbar, la clara de huevo y el amargo a una coctelera sin hielo. Agitar durante 15 segundos.

b) Agregue el hielo a la coctelera. Agitar de nuevo durante 30 segundos.

c) Cuele la bebida en un vaso; la espuma se acumulará en la parte superior. Adorne con una cereza de cóctel.

97. Cóctel agridulce de whisky

PORCIÓN 1 porción

Ingredientes

- 2 onzas de whisky
- 3/4 onza de jugo de limón recién exprimido
- 1/2 onza de jarabe simple
- 1 clara de huevo grande
- Hielo
- 2 a 3 gotas de amargo de angostura, opcional

Direcciones

a) Combine los ingredientes y agite sin hielo:

b) Agregue el whisky, el jugo de limón y el jarabe simple a una coctelera, luego agregue la clara de huevo.

c) Agitar, sin hielo, durante 60 segundos.

d) Agregue hielo, agite nuevamente, luego cuele:

e) Añade hielo a la coctelera y vuelve a agitar durante 30 segundos. Colar en una copa de cóctel y dejar caer los amargos en la parte superior. ¡Atender!

98. Licor de huevo alemán

Porciones: 2

Ingredientes

- 4 yemas de huevo
- 1 taza de azúcar en polvo
- 1/2 cucharadita de extracto de vainilla
- 1/2 taza de crema para batir
- 1/3 taza de ron

Direcciones

a) Separe los huevos y agregue las yemas a un tazón mediano. Agregue el azúcar en polvo y el extracto de vainilla y mezcle con su batidora de mano eléctrica o un batidor hasta que tenga una consistencia cremosa.

b) Incorporar la nata para montar y seguir batiendo.

c) Ahora vierta lentamente el ron y siga batiendo vigorosamente.

d) Una vez que haya hecho espuma, coloque el tazón en un baño de agua caliente en la estufa y siga batiendo durante unos minutos hasta que la mezcla esté espesa y cremosa. Asegúrate de que el agua de la olla esté caliente pero no hirviendo, ya que no quieres que el licor de huevo comience a burbujear y pierda su alcohol. Desea calentar el licor de huevo a alrededor de 160 grados Fahrenheit.

e) Vierta el licor de huevo en vasos para beber de inmediato o en botellas desinfectadas para guardar para más tarde. Si usa equipo limpio y huevos frescos, el licor de huevo debe mantenerse en la nevera durante unos 4 meses.

99. Café con huevo vietnamita

Porciones: 2 tazas

Ingredientes

- 12 onzas. Café exprés
- 1 yema de huevo
- 4 cucharadas de leche condensada azucarada

Direcciones

a) Prepara 2 tazas de espresso

b) Batir la yema de huevo y la leche condensada azucarada hasta obtener picos suaves o espumosos.

c) Agregue la mezcla de huevo encima del espresso.

100. Sabayón

Porciones: 4

Ingredientes

- 4 yemas de huevo
- 1/4 taza de azúcar
- 1/2 taza de Marsala Dry u otro vino blanco seco
- unas ramitas de menta fresca

Direcciones:

a) En un recipiente resistente al calor, mezcle las yemas y el azúcar hasta obtener un color amarillo pálido y brillante. El Marsala entonces debe ser incorporado.

b) Lleve a ebullición una olla mediana llena hasta la mitad de agua. Comience a batir la mezcla de huevo y vino en el recipiente resistente al calor encima de la olla.

c) Continúe batiendo durante 10 minutos con batidores eléctricos (o un batidor) sobre agua caliente.

d) Use un termómetro de lectura instantánea para asegurarse de que la mezcla alcance los 160 °F durante el período de cocción.

e) Retire del fuego y sirva con un cucharón el zabaglione sobre la fruta preparada, adornando con hojas de menta fresca.

f) Zabaglione es igualmente delicioso servido sobre helado o solo.

CONCLUSIÓN

¿Crees que sabes todo lo que hay que saber sobre los huevos y cómo cocinar y hornear con ellos? ¡Piensa otra vez! El Libro de cocina diario de huevos frescos le ha mostrado formas nuevas y emocionantes de incorporar huevos frescos en su repertorio de cocina y horneado, todos y cada uno de los días. Desde desayunos tradicionales hasta sopas, ensaladas y platos principales, además de abundantes opciones para la cena y dulces.